Milton Katselas · Die Kraft der Tat

Milton Katselas

Die Kraft der Tat

Kurs auf Karriere

Aus dem Amerikanischen von
Cornell Ehrhardt

Oesch Verlag

Die amerikanische Originalausgabe erschien 1996
unter dem Titel *Dreams into Action*
bei Dove Books, Beverly Hills

Die Deutsche Bibliothek – CIP-Einheitsaufnahme

Katselas, Milton:
Die Kraft der Tat : Kurs auf Karriere /
Milton Katselas. –
[Aus dem Amerikan. von Cornell Ehrhardt]. –
2. Aufl. –Zürich : Oesch, 2000
Einheitssacht.: Dreams into Action <dt.>
ISBN 3-85833-572-X

2. Auflage 2000

Satz: Oesch Verlag
Druck und Bindung: Wiener Verlag, Himberg
ISBN 3-85833-572-X

Gern senden wir Ihnen unser Verlagsverzeichnis:
Oesch Verlag, Jungholzstraße 28, 8050 Zürich
E-Mail: info@oeschverlag.ch
Telefax 0041/1 305 70 66 (CH: 01/305 70 66)

Unser Programm finden Sie im Internet unter:
www.oeschverlag.ch

Inhalt

Vorwort

Sie meinen vielleicht, Sie seien kein Künstler. Das stimmt nicht: Sie sind einer. Jede ist eine Künstlerin oder kann es werden; alles hängt nur davon ab, wie Sie sich mit Ihrem Leben auseinandersetzen. Viele Menschen begegnen ihrem Leben und ihrer Arbeit mit Desinteresse und mechanischer Routine. Sie schlagen ihr Zelt auf und lassen einfach die Zeit verstreichen. Sie sitzen bloß da und sehen zu, wie ihr Beruf und ihr Leben an ihnen vorüberziehen. Wie steht es mit Ihnen? Sind Sie aktiv, oder registrieren Sie lediglich die Zeigerbewegungen der tickenden Uhr?

Was Sie tun, ist gar nicht so wichtig. Wichtig ist vielmehr, wie Sie es tun. Genau das ist die Kunst. Verwaltungsbeamte, Lehrerinnen, Hausmeister, Krankenschwestern, Zimmerleute, Büroangestellte, Mechanikerinnen, Computerprogrammierer, Sekretärinnen – alle sind potentielle Künstlerinnen und Künstler, und alle können Virtuosinnen und Virtuosen werden. Im Rahmen meiner Arbeit als Regisseur, Lehrer und Autor habe ich vielen Künstlern und Künstlerinnen geholfen, ihre Träume und ihre Karrierewünsche zu realisieren. Aber dieses Bedürfnis, Träume zu verwirklichen, steckt auch in allen andern. Es gibt viele Menschen, die einem – wenn man im Gespräch ein bißchen an der Oberfläche kratzt – gestehen, daß sie einen unerfüllten Traum haben.

Jemand sagte kürzlich zu mir: »Ich habe Angst davor, mich der Herausforderung dessen zu stellen, was ich alles sein kann.« Diese Aussage hatte ich bereits viele Male zuvor gehört. Weshalb? Was hält uns zurück? Warum haben wir

Angst? Vielleicht weil unser Potential nicht ausreichen könnte? Haben wir Angst davor, dies festzustellen? Was genau wollen wir? Werden wir es bekommen? Diese Fragen existieren bis zu einem gewissen Grad in jedem von uns. Wenn Sie sich den Fragen, wie schwierig sie auch sind, nicht stellen und Ihren Ängsten, wie lächerlich sie auch erscheinen, nicht begegnen, können Sie nur dastehen und sehnsüchtig auf Ihre verschwommenen und fernen Träume blicken. Wenn Sie dies nicht wollen, bleibt Ihnen nur eins: Sie müssen den Mut aufbringen, in sich hineinzuschauen, Ihren Ängsten zu begegnen, der Wahrheit dessen, was Sie wollen, ins Auge zu blicken, Ihre Träume aufzudecken und sie dadurch klar und nah werden zu lassen. Dann können Sie sich daranmachen, sie zu verwirklichen.

Das Leben, *Ihr* Leben, in die Hand zu nehmen und in die von Ihnen gewünschte Richtung zu steuern, zu der angestrebten Karriere und der Erfüllung Ihrer Träume zu gelangen, das ist *die Reise* – die einzige *wirkliche* Reise. Ganz gleich, wie reich oder erfolgreich Sie sind, wenn Sie Ihre Träume nicht verwirklichen und sich nicht weiterentwickeln, wird Ihr Leben von Langeweile und Stagnation geprägt sein. In ähnlicher Weise können auch all jene ihr Leben verändern, die glauben, ganz unten zu sein, die sich apathisch und wie betäubt fühlen oder meinen, sie hätten keine Chance. Ob Sie sich nun für erfolgreich halten oder glauben, ganz unten zu sein, oder ob Sie irgendwo dazwischen stehen: Es ist Zeit, daß Sie sich wachrütteln, um zu handeln und um auf die Straße zu gelangen, die zu Ihren Träumen führt.

Einleitung

Wissen Sie, daß eine Karriere übermenschliche Kraft erfordert? Wissen Sie, wie und woher wir diese übermenschliche Kraft beziehen?

Es liegt ein gewaltiges Kraftpotential im Menschen, in unserer Fähigkeit, die Welt um uns herum zu verändern, zu bewegen und neu zu gestalten. Es hat Menschen gegeben, die Berge versetzten, den Lauf von Flüssen veränderten, zum Mond flogen, Krankheiten besiegten, Städte bauten, Pyramiden in der Wüste errichteten und Kunst schufen – Leistungen, die man als übermenschlich bezeichnen kann. Und es hat auch Menschen gegeben, die nach einem Erdbeben in einem eingestürzten Gebäude, nach einem Fluzeugabsturz auf einem einsamen Berggipfel oder nach einem Schiffsunglück auf hoher See überlebten. Ohne ersichtliche Chance, dies alles zu überstehen, klammern sie sich an eine andere Energie, eine übermenschliche Entschlossenheit, und überleben, allen Gefahren zum Trotz.

In allen diesen Fällen, so meine ich, wurden die Menschen von ihrer geistigen Kraft angetrieben, die ihnen den Willen zu überleben einflößte oder das leidenschaftliche Bedürfnis, etwas zu schaffen. Ich glaube nicht, daß sich diese übergroße Energie von dem unterscheidet, was Sie brauchen, damit Ihre Karriere nach Ihren Wünschen verläuft. Die gleiche Art von Intensität, Leidenschaft und wilder Entschlossenheit, mit der Menschen den Parthenon erbauten oder einen Unfall überlebten, ist nötig, um die Verwirklichung Ihrer Träume voranzutreiben.

Die wahre Natur des Menschen liegt meiner Meinung nach in seiner geistigen Kraft, und diese Energie stellt das Fundament dar, auf dem Intentionen und harte Arbeit aufbauen. Am meisten interessieren mich die greifbaren Ergebnisse dieser schwer greifbaren Energie, die physische Anstrengung, bei der Suche nach Nahrung eine Piniennadel zu entdecken, die sich aussaugen läßt, der Versuch, festeren Halt am Schiffswrack zu finden. Am meisten interessiert mich jene geistige Kraft, die zu *Taten* führt, die das Leben der Menschen verbessern.

Bei meinen Recherchen zu diesem Buch schlug ich in einem Webster's[1] aus dem Jahr 1904 die Begriffe »Geist«, »geistig« und »Tat«[2] nach. Diese Ausgabe des Webster's – ich habe sie für bloß einen Dollar in einem New Yorker Buchladen gekauft – ist das beste Wörterbuch, das ich jemals gesehen habe. Neben den bekannteren Definitionen von Geist als etwas Ätherischem fand ich folgendes:

> **Geist,** s. 1. Begieriger Wunsch. 2. Ein Mensch der Tat; ein Mensch voller Leben, Energie oder Unternehmungsgeist. 3. Das, was Energie besitzt; das Merkmal, das Leben, Aktivität ausmacht, oder die Kraft, andere Körper stark zu beeinflussen.
>
> **geistig,** Adj. 1. Mit Energie erfüllen. 2. Leidenschaft; Hitze; stimulierende Eigenschaft.
>
> **Tat,** s. 1. Eine treibende Kraft; folglich der Zustand des Handelns oder der Bewegung; Ausübung von Macht oder Stärke, etwa wenn ein Körper auf einen anderen einwirkt. 2. Ein Akt oder etwas, das getan wird; eine Handlung. 3. *Die Taten der Menschen sind die beste Interpretation ihrer Gedanken.* – Locke.

Ich war fasziniert von der Ähnlichkeit dieser Definitionen. Häufig ruft der Begriff »geistige Kraft« im Sinne von »Spiritualität« die Vorstellung eines sanftmütigen Menschen hervor, der stundenlang bewegungslos im Lotossitz unter einem Feigenbaum meditiert. Viele sehen den Begriff mit einem religiösen Inhalt. Ich will diese Bedeutungen nicht negieren, aber ich sehe »geistige Kraft« eher im Sinne von Beharrlichkeit, Hartnäckigkeit, Leidenschaft, Engagement, Fürsorge und Entschlossenheit. Der Geist ist das, was Menschen dazu treibt, das Unmögliche zu erreichen.

Ich habe Menschen erlebt, die jahrelang auf die geistige Motivation warteten, etwas für ihre Karriere zu tun. Aber durch Warten erreicht man nichts. Weitaus bessere Alternativen sind einfache Taten und konkrete Aufgaben. Das wird Sie vorwärtsbringen und Ihren Geist aktivieren. Dieser Geist, diese Energie wird wiederum mutigere Taten bewirken – und so weiter und so weiter.

Vom Meditieren bis zur Raumfahrt, vom Kochen bis zum Malen, von der Landwirtschaft bis zum Gebet geht geistige Motivation mit Taten einher. Oder ist es allzu weit hergeholt zu glauben, daß es bei der Arbeit eines Hausmeisters eine geistige Kraft gibt, die nicht nur die Handlung des Fußbodenkehrens bewirkt, sondern durch diese Handlung auch genährt wird? Geist und Tat existieren gleichzeitig und bedeuten das gleiche. Sie sind in ihrer Definition und ihrem Erleben voneinander abhängig. Dieses Buch versucht, Ihnen dabei zu helfen, Ihre Träume durch die leidenschaftliche Verbindung von Geist und Tat aufzudecken und zu verwirklichen.

[1] Amerikanisches Wörterbuch, benannt nach seinem Verfasser Noah Webster (1758–1843).

[2] Im Original spirit, spiritual und action.

Träume: Realität oder Phantasie?

Sind Sie bereit? Ich zitiere nochmals aus Webster's Wörterbuch von 1904:

> ***Träumen/Traum:*** *Sich etwas vormachen, sich Illusionen hingeben. Gespenst, Erscheinung. Trugbild. In einer Traumwelt leben, ohne die Fähigkeit zu besitzen, sich zu bewegen. Luftschloß.*

Seien Sie auf der Hut, liebe Leserin, lieber Leser, oder Sie werden Ihre Träume nur im Traum verwirklichen. Denn in der realen Welt bleiben die meisten Träume ja doch nur ... Träume, nicht wahr? Auch Ihr einzigartiger, aufregender, aufsehenerregender, weltumstürzender Traum – nichts als eine Illusion, ein Rauchwölkchen?

> ***Träumen/Träumer:*** *Zaudern, zögern. Sich träge oder gleichgültig verhalten, wie in einem Traum. Untätiger, unproduktiver Denker, Theoretiker, Grübler. In den Tag hineinträumen.*

Fragen Sie sich jetzt: »He, was will er uns denn damit sagen? Ich dachte, Träume seien etwas Großartiges?« Nun, ich will Ihnen sagen: Wenn Sie Ihre Träume verwirklichen wollen, dann müssen Sie auch wissen, wie schwer das ist. Sie müssen wissen, daß es Ansichten gibt, die in direktem Widerspruch zu Ihren Träumen stehen. Einige dieser Ansichten finden sich überraschenderweise in Ihnen selbst; andere existieren in der

Welt außerhalb von Ihnen. Sie können nicht einfach die Straße hinuntergehen und sagen: »Ich habe einen Traum«, und alle lassen ihre Arbeit stehen und liegen und rufen Ihnen entgegen: »He, seht mal! Da ist der Träumer. Wie geht's, alter Junge? Wie wär's, wenn du uns von deinem Traum erzählst?« Vielleicht trifft dies ein; aber warten Sie nicht auf dem Bahnhof, bis der Zug kommt. Viel wahrscheinlicher ist, daß Sie irgendeinen tollen Burschen sagen hören: »O nein, nicht schon wieder der Träumer. Weißt du, ich muß dir sagen, du bist keineswegs so warm angezogen, wie du meinst. Also, hör zu ...« Woraufhin Seine Lordschaft unverzüglich und mit erstaunlicher Selbstsicherheit beginnt, auf Ihre Schuhe – und Ihren Traum – zu urinieren.

Martin Luther King jun. sagte: »Ich habe einen Traum.« Sein Traum war zweckmäßig, nüchtern und einfach zu verstehen. Die Tatsache, daß er seinen Traum dem ganzen Land kundtat, und seine nachhaltigen Anstrengungen, ihn durchzusetzen, ließen ihn Wirklichkeit werden. Seine Vorstellung war präzise: Setzt euch vorne in den Bus, setzt euch an die Theke, trinkt aus jedem Brunnen, geht wählen. Sein Traum war nicht unproduktiv. Sein Traum war kein Luftschloß, keine Phantasie. Doch wir wissen auch, daß er Gegner hatte. Es gab riesige Hindernisse für seinen Traum. Die Statistik zeigt, daß sein Traum für schwarze Amerikaner noch lange nicht Wirklichkeit ist. Wir alle müssen noch viel tun, um seinen Traum zu verwirklichen, seine praxisbezogene Vision, die für die Vereinigten Staaten von Amerika und für die Menschen auf der ganzen Welt von Bedeutung ist. Doch weil sein Traum präzise, real und leidenschaftlich war, ermutigt er uns, weiter das »gelobte Land« anzustreben.

Träume sind etwas Großartiges, aber wissen Sie, was Sie durchmachen müssen, um einen Traum zu realisieren? Haben Sie beispielsweise jemals versucht, im Theater oder im Filmgeschäft einen Traum in die Tat umzusetzen? Ich habe es. Und was dann passiert, ist der gleiche niederschmetternde, hartnäckige Wahnsinn, wie er in fast allen Berufen auftritt, wenn man versucht, einen Traum zu verwirklichen. Treten Sie deshalb mit einer echten und tiefen Absicht, viel Hingabe und starken Vitaminen an. Sie werden all das brauchen, um dem unvermeidlichen traumzerfressenden Ärger gewachsen zu sein. Sie können nicht einfach hingehen und sagen: »Herr Produzent, hier bin ich mit meinem Traum«, und der Herr Produzent zückt eiligst sein Scheckheft, um Ihre Phantasien zu finanzieren. »Kommt, laßt uns diesem Knaben helfen, er hat einen Traum« ist nicht unbedingt die Maxime, die Sie zu Ohren bekommen werden. Weder vom Produzenten noch von unseren allgegenwärtigen, unentbehrlichen Ratgebern, Helfern, der Familie und Onkel Robert. Unsere persönlichen Kritiker werden kaum sagen: »Hast du von Karli gehört? Er hat einen Traum. Kommt, wir unterstützen ihn!«

> ***Traumhaft/Traumähnlich:*** *Unwirklich, vage, verschwommen. Sinnlos wie ein Traum. Eine nutzlose Phantasie, wilde Einbildung. Verträumen, die Zeit mit nutzlosen Gedanken vertrödeln. Sich in wilden Phantasien verlieren.*

In dieser Welt hat alles seinen Zweck. Sie müssen Dinge Realität werden lassen. Sie müssen alles sichtbar und erlebbar machen. Ihren Traum in physische Realität zu verwandeln ist harte Arbeit. Und seien Sie darauf gefaßt, zu Boden geschlagen zu werden, denn wenn Sie da draußen einem Traum nachjagen, werden Sie mit Bestimmtheit umgeworfen. Sie müssen lernen, wieder aufzustehen. Ich kenne niemanden, der einen Traum verfolgt und nicht wenigstens einmal niedergeschmettert wurde. Sie müssen sich wieder aufrappeln, den Staub abklopfen, sich aufrichten, Ihre Kräfte sammeln und zurück in die Arena springen. Also, seien Sie vorbereitet, denn genau das kann auf Sie zukommen.

> ***Träumer:*** *Ein Faulpelz. Ein Griesgram. Gleichgültig. Verschwommen, undeutlich, verworren oder unklar.*

Das ist massiv. Kommt es Ihnen auch so vor, wenn Sie träumen? Unklar? Etwas trübe? Träumen kann eine verschwommene Angelegenheit sein – ungenau und damit unerreichbar.

Wenn Ihre Träume so wundervoll sind; weshalb werden sie dann nicht Wirklichkeit? Was stimmt nicht? Als ich diese Definitionen im Webster's nachschlug und niederschrieb, fühlte ich mich mit jeder Definition stärker, denn obwohl ich niemals zuvor Träume so negativ beurteilt hatte, wußte ich doch, daß das die Wahrheit ist. Nicht, daß Träume nicht wunderbar sein können – wir alle wissen das. Träume sind phantastisch. Träume können Signale, Wegweiser zu unseren Möglichkeiten sein. Träume haben ja meistens etwas mit unseren Wünschen, unseren Zielen, unseren Plänen und letztlich unserer Karriere zu tun, deshalb faszinieren sie uns so. Wie man sich Träume zunutze macht und in Angriff nimmt, das ist das Terrain, das ich in diesem Buch erkunden und nach Erfolgschancen absuchen will.

In jedem von uns steckt das Potential, seine Träume zu verwirklichen. Ein Potential kann aber auch zu einer negativen Größe werden, nämlich dann, wenn wir mit Hinweis auf unser noch zu findendes Potential rechtfertigen, daß wir einfach nur abwarten, anstatt uns bemühen, das zu bekommen, was wir wollen. Die Welt steht Ihrem Traum negativ gegenüber, bis Sie ihn in die Tat umsetzen. Dann, und nur dann, wird er zu etwas Substantiellem. Und nicht zu einem nutzlosen Gedanken, zu einer fadenscheinigen Sache, sondern zu einem schnittigen, schwungvollen, gut eingestellten Rennwagen.

Dies ist die erste einer Reihe von Übungen in diesem Buch. Sie bringen Ihnen den größten Nutzen, wenn Sie Ihre Antworten niederschreiben. Bemühen Sie sich bei jeder Übung um eine absolut ehrliche Antwort. Bereitet Ihnen die Antwort Schwierigkeiten, kommen Sie später auf die Übung zurück, wenn Sie weitergelesen haben.

Übung

Formulieren Sie Ihren Traum. Lassen Sie ihn einfach heraus. Sprechen Sie ihn laut aus. Schreiben Sie ihn nieder.

Der Flug des Falken

Als ich einmal vor einer Abschlußklasse einer High-School über berufliche Karrieren sprechen sollte, schlug ich im Webster's von 1904 die unterschiedlichen Bedeutungen des Wortes Karriere nach. Hier einige besonders schöne Erklärungen:

> ***Karriere:*** *Ursprünglich die Bahn, auf der ein Rennen ausgetragen wird. Rennbahn, Laufbahn. In der Falknerei der Flug eines Falken.*

Wir kennen das Wort Karriere im Sinne von »berufliche Laufbahn«; aber es gibt noch diese anderen Definitionen, die ein tieferes Verständnis des Wortes eröffnen und uns damit in stärkerem Maße in diesen gesamten Lebensbereich einbeziehen. Karriere ist also die Arbeit eines Lebens, ein Beruf, eine Beschäftigung, aber auch …

> *Einen freien, schnellen Lauf bewirken. Fracht, Flug, Errungenschaft, Passage. Eine Karriere war ursprünglich die Bahn für ein Rennen, speziell für Ritter bei einem Turnier oder im Kampf. Der Weg oder die Route, worauf man sich bewegt.*

Und ein anderer Blickwinkel:

> *Karriere eines Pferdes: Ein kurzer Galopp oder Lauf mit voller oder großer Geschwindigkeit.*

Und schließlich hat das Wort im Englischen noch folgende Bedeutung:

> *Wenn ein aufgetakeltes Schiff mit vollen Segeln fröhlich über die wogenden Wellen gleitet, wie prächtig, wie erhaben sieht es dann aus.*

Ist das nicht herrlich? Nun, wie viele unserer Reisen gleichen einem Schiff unter vollen Segeln, das über die Wogen gleitet? Und wie viele gleichen einem großen Stein, der einem Senklot gleich auf den tiefen, dunklen Meeresgrund fällt? *Glub, Glub, Glub.* Das ist der Stein, der auf den Meeresboden sinkt. Ein elegantes »Dahingleiten auf den Wellen« ist nicht möglich, wenn die Reise zu einer so ernsten und wichtigen Angelegenheit wird. Das Leben wird hart, schwer, verworren, starr – ein Stein, der nicht fliegen kann.

Nehmen wir zum Beispiel eine junge Frau, die in der Werbebranche arbeitet. Sie interessiert sich für die Schauspielerei, seit sie im College einige Schauspielkurse belegte. Nun will sie den Sprung wagen und ihren Traum verwirklichen. Was werden Mutter und Vater denken? *Glub.* Was werden ihre Freunde denken? *Glub.* Wie soll sie finanziell über die Runden kommen? *Glub, Glub.* Stagnation. Angst. Klagen. Unbeweglichkeit. Ihr Traum ertrinkt, und jeder Tag wird zu einem lähmenden Alptraum. Angst, Sorge und die »praktischen Erwägungen« unserer Freundinnen und unserer Familie sind ein Fluch für eine erfolgreiche Karriere und den vollen Galopp, den sie erfordert.

Wenn Sie »fröhlich über die Wellen gleiten« wollen, dann dürfen Sie sich nicht zurücklehnen und auf irgendeine Erlaubnis warten oder darauf, daß etwas passiert. *Bewegen Sie sich.* Sie müssen etwas für Ihre Karriere tun, selbst wenn Sie nicht genau wissen, was Sie tun sollen. Sitzen Sie nicht einfach zu Hause herum, beklagen Sie nicht Ihr Schicksal. Tun Sie etwas. Irgend etwas. Stellen Sie die Möbel um. Legen Sie eine CD mit Salsa-Musik auf. Irgend etwas. Besser ist es allerdings, wenn Sie etwas speziell für Ihre Karriere tun. Führen Sie ein Telefongespräch. Schreiben Sie einen Brief. Entwickeln Sie einen Plan für einen Aufstieg.

Mein Schwager arbeitete viele Jahre als Anstreicher und kam mit einundfünfzig Jahren zu dem Schluß, daß sein Leben nicht interessant genug war. Das Anstreichen von Häusern gefiel ihm, aber es füllte ihn nicht aus. Er liebte alte Sachen – alte Autoteile, Ketten, Werkzeuge, Abfallstücke, Nägel, Bolzen. Eines Tages besorgte er sich einen Schweißbrenner und schweißte aus diesen Dingen ungewöhnliche Skulpturen zusammen. Er besuchte einen Kunstkursus. Nun ist die Bildhauerei seine Berufung und das Anstreichen sein Beruf.

Mein Freund Joe Stern war bis zum Alter von fünfunddreißig Schauspieler. Dann entschied er, daß er genug von der Schauspielerei hatte. Er sprach dies laut vor sich selbst aus. Er befand sich nicht in einer Karrierekrise, aber er hatte das starke Gefühl, daß es an der Zeit war, sich weiterzuentwickeln. Er wollte Film- oder Fernsehproduzent werden. Angetrieben von dieser Entscheidung, schrieb er Briefe und knüpfte Kontakte, und nach sechs Wochen hatte er seinen ersten Produktionsjob. Später wurde er dann Produzent der erfolgreichen Fernsehsendung *Law and Order* und gründete in Los Angeles eine eigene Schauspielgesellschaft. Sie dürfen nicht darauf warten, daß jemand anderer etwas tut, daß »die anderen« sie rufen. Warten ist Sache der Vögel. Sie müssen Ihren Traum verfolgen, Sie müssen ihm nachjagen, sei es ein alter Kindheitstraum oder einer, der Sie in der Mitte Ihres Lebens trifft.

Eine Karriere ist ein Rennen, und es ist an Ihnen, es zu gewinnen. Es ist nicht etwas, das Ihnen widerfährt. *Sie* bestimmen den Verlauf. Nicht Ihre Eltern. Nicht Ihre Arbeitskollegen. Nicht Ihr Bankkonto. Nicht praktische Erwägungen. Nicht gesunder Menschenverstand. Es geht nicht um das, was »die anderen« gutheißen oder was »die anderen« Ihnen raten. Letzten Endes liegt es an Ihnen, und Sie werden nur gewinnen, wenn Sie Ihrer Leidenschaft, Ihren Wünschen, Ihrem Temperament und Ihrer Hartnäckigkeit folgen. Es ist *Ihre* Reise.

Übung

Schreiben Sie alles auf, was Ihren Traum genauer definiert, indem Sie ihn zu einer bestimmten Karriere in Beziehung setzen.

Karrierekonzept: der Pulsschlag Ihres Lebens

Sie werden in jedem Beruf erfolgreicher sein, wenn Sie ein Karrierekonzept haben, also eine Vorstellung davon, wie die Sache ablaufen soll. Sie brauchen etwas, das Sie zu Ihren Zielen führt und Ihnen hilft, diese auf systematische, überlegte, beharrliche Weise zu verwirklichen. Ein Karrierekonzept ist wie eine Landkarte, auf die der Weg zu Ihrem Ziel eingezeichnet ist.

Ein Konzept ist eine Vorstellung, die auf Informationen, Bedürfnissen und Wünschen basiert und bei der Visualisierung und Ausführung einer künstlerischen oder sonstigen Arbeit als Leitfaden dient. Ein Konzept ist ein Plan.

Um ein Karrierekonzept zu erstellen, müssen Sie als erstes aufschreiben, was Sie wollen. Selbst wenn Ihnen nicht ganz klar ist, was dies ist – halten Sie all das schriftlich fest, was Sie wissen. Wenn man Dinge niederschreibt, werden sie real. Sie müssen Ihren Traum aus dem Kopf herausholen, auf Papier und in Ihre Hände bringen, damit Sie mit ihm arbeiten können.

Neben meinen sonstigen Tätigkeiten als Regisseur, Lehrer und Autor wünschte ich mir eine Karriere als Maler. Das wußte ich, und nachdem ich eine Ausstellung in New York besucht hatte, schrieb ich einfach auf: »Heute bin ich in einer Galerie an der Madison Avenue gewesen. Die Bilder des Malers haben mir gefallen. So kann ich auch malen. Das kann ich auch. Mein visueller Sinn ist stark ausgeprägt. Ich möchte malen, und ich werde es tun.« Dann verbrachte ich viel Zeit damit, intensiv zu malen. Sechs Monate später gewann ich die *Emily Lowe Competition,* einen Wettbewerb, an dem neuntausend Maler teilnahmen. Das simple Statement war der Beginn meiner Karriere als Maler, und es hat dazu geführt, daß ich mich seit dreißig Jahren als bildender Künstler betätige.

Also, schreiben Sie auf, was Sie werden wollen. Nehmen Sie ein Stück Kreide, einen Kuli, einen Bleistift, einen Füller oder einen Federkiel. Kratzen Sie es, kritzeln Sie es, tippen Sie es, ätzen Sie es, schnitzen Sie es. Trauen Sie sich. Seien Sie arrogant. Das Statement, das ich über meine Malerei aufgeschrieben habe, klingt ziemlich arrogant, aber arrogant zu sein bedeutet wörtlich »etwas für sich zu beanspruchen«. Arroganz ist – nach der richtigen Definition – ein Muß, wenn es darum geht, Ihre Idee, Ihr Konzept und Ihre eigene Kraft einzusetzen, um Ihre Ziele zu erreichen. Bringen Sie es einfach zu Papier.

Ein Konzept kann den Stil und das Aussehen einer Sache bestimmen.

Vielleicht bereitet Ihnen die erste Formulierung Ihres Karrierekonzepts einige Schwierigkeiten. Sie müssen präzise und konkret sein. Das ist schwierig, aber unerläßlich. Definieren Sie alles, selbst die kleinsten Kleinigkeiten. Schreiben Sie jedes Detail auf. Dieses detaillierte Konzept hilft Ihnen, das zu definieren, was Sie wollen, es gibt Ihnen etwas Konkretes an die Hand, das es zu erreichen gilt. Es leitet Sie auf dem Weg zu Ihrem Ziel.

Wenn Sie Schauspielerin sind und in einer Fernsehserie mitspielen wollen – welche Art von Serie soll es denn sein?

Eine harte Polizeiserie, eine Krankenhausserie oder eine Sitcom? Welche Art von Rolle wollen Sie spielen? Mit welchem Regisseur wollen Sie zusammenarbeiten? Seien Sie präzise. Wenn Sie Gastronom sind, was wollen Sie? Ein Restaurant nach Art eines italienischen Familienlokals? Ein französisches Feinschmeckerlokal? Oder eine Hamburger-Bude? Wie soll es aussehen? Gemütlich oder chic? Wie hoch sind Ihre finanziellen Mittel? Wie viele Angestellte können Sie sich leisten? Sie brauchen mehr Geld? Planen Sie einen größeren Etat ein. Lassen Sie nicht zu, daß Geld die Grenzen Ihres Traumes diktiert. Sie können Ihrem Glück nicht folgen, wenn Sie immer mit einem Auge auf Ihr Scheckheft schielen.

Lassen Sie sich nicht auf die vage Vorstellung ein, eine erfolgreiche Schauspielerin, ein erfolgreicher Geschäftsmann, eine erfolgreiche Architektin sein zu wollen. Das funktioniert nicht. Es ist so, als würden Sie sagen: »Ich möchte einfach ein Auto, weißt du, ein Auto, irgendeines.« Nein. Seien Sie präzise. Welches Fabrikat? Welches Baujahr? Welches Modell? Welche Farbe? Werden Sie sich über das klar, was Sie wollen. Machen Sie es wahr. Kaufen Sie es. Dann können Sie einsteigen, auf die Autobahn fahren und Ihre Reise beginnen.

Das Karrierekonzept liefert Ihnen ein Gesamtbild Ihrer Karriere, aber es ist wichtig, daß das Bild keine impressionistische, verschwommene Vorstellung ist. Das Bild muß scharf sein. Auch hier gilt: Werden Sie sich über das klar, was Sie wollen. Je mehr Sie wissen, um so genauer wissen Sie, was Sie tun müssen. Führen Ihre Überlegungen zu einer langen Abhandlung, geraten Sie nicht in Panik. Überarbeiten Sie das Ganze. Formulieren Sie es in einfacheren Worten. Und wenn Sie Ihr Karrierekonzept dann zu Papier bringen – sauber, klar, knapp, pointiert, pragmatisch und umsetzbar –, sind Sie auf dem richtigen Weg. Der Rest besteht nur noch daraus, es zu tun.

Wenn Sie Ihr Karrierekonzept niederschreiben, werden Sie vielleicht mit Ihrer allgemeinen psychischen Verfassung konfrontiert. Sich den eigenen Werdegang vor Augen zu führen kann deprimierend sein – vor allem, wenn er nicht Ihren Wünschen entspricht. Diese Übung beschäftigt sich jedoch nicht mit Enttäuschungen, Mißerfolgen oder psychologischen Blockaden der Vergangenheit. Ausführungen dieser Art können Sie getrost an Dr. Freud nach Wien schicken. Was Sie brauchen, ist ein Karrierekonzept, das die lauten, boshaften Gesichter des Zweifels, der Angst und des Opferdaseins besiegt.

Wir leben im Zeitalter der Psychologie. Lassen Sie sich nicht darauf ein. Sie müssen sich nicht in Ihre Probleme versenken. Wenn Sie sich von Ihren Problemen unter Druck setzen lassen, schwächt das Ihr Karrierevertrauen. Manche Menschen beschäftigen sich derart kreativ und intensiv mit ihren negativen Einstellungen und Erfahrungen, daß diese Niedergeschlagenheit zum Thema ihres Lebens und damit zur Rechtfertigung und Entschuldigung ihres Mißerfolges wird.

Ein Konzept muß voll Energie sein. Es darf nicht ein trockenes Stück Brot sein, das leblos sagt: »Ich bin ein Konzept.« Nein, es muß lebendig und kraftvoll sein, um Bewegung und Aktion anzutreiben. Wenn Sie sich festgefahren haben, wird Sie ein kraftvolles Konzept befreien und wieder auf den Weg bringen. Ihre Begeisterung wird einmal nachlassen; Hindernisse werden überall um Sie herum auftauchen, als würde die ganze Welt nein sagen zu dem, was Sie erreichen wollen. Der Weg wird staubig, entmutigend und überaus steinig werden. Kollegin, Kollege, Sie werden von Zeit zu Zeit einen Kickstart brauchen. Wenn der eine Weg blockiert ist, brauchen Sie einen anderen Weg durch den Dschungel. Es liegt also an Ihnen, wie immer. Sie müssen hier und jetzt eine neue Idee präsentieren, die Ihnen zum Durchbruch verhilft.

Eine Idee ist ein Gedanke, der dazu dient, ein Problem zu lösen, oder ein Weg, auf dem sich eine Absicht verwirklichen läßt.

Vielleicht kommen Sie mit Hilfe Ihres Konzeptes gut voran, alles läuft prima – aber plötzlich kommt es zu einem abrupten Stopp. HALT! Zero. Null. Nichts geht mehr. Fraglos wird es nicht so sein, daß Sie von nun an ohne Mißerfolge und ohne Blockaden durchs Leben gehen, immer perfekt sind und alle Hindernisse vor Ihnen zurückweichen wie das Rote Meer vor Moses. Auch wenn Sie das präziseste, lebendigste Konzept haben, werden Ihnen Probleme begegnen. Daran ist nichts falsch. Vielmehr ist es so, daß Probleme und ihre Lösungen die Reise interessant und lebendig machen. Probleme halten Ihr Blut in Wallung. Lassen Sie sich durch sie nicht überwältigen. Geben Sie nicht auf. Seien Sie auf dem Posten. Seien Sie beweglich. Seien Sie schnell. Wenn Sie auf ein Problem stoßen, einen Stopp, müssen Sie eine Idee entwickeln, um aus der Klemme zu kommen. Konzept und Ideen müssen aufeinander einwirken. Ein Konzept zeigt Ihnen das Ziel, und Ihre Ideen halten Sie auf dem richtigen Kurs.

Wenn Sie zu Boden geworfen werden – und auf dem Planeten Erde wird dies mit ziemlicher Sicherheit irgendwann einmal geschehen –, müssen Sie sich wie ein Boxer verhalten. Rappeln Sie sich auf, stellen Sie sich wieder auf die Füße, wischen Sie den Staub von Ihren Handschuhen, und fragen Sie den Schiedsrichter: »Wo ist er? Ich will auf ihn los!« Dann sind Sie wieder da. Und keine »Neins«. Wenn Sie etwas Positives erreichen wollen, dann darf es in Ihrem Vokabular kein »Nein« geben. Sie dürfen sich nicht bremsen lassen. Das zeichnet einen Profi aus – jemanden, der das verwirklicht, was er oder sie sich vorgenommen hat.

Nehmen wir einmal an, Sie haben sich vorgenommen, einen Kurzurlaub zu machen. Konzept: eine gemütliche Autotour durch die Berglandschaft, um die spätherbstliche Färbung des Laubes zu genießen. Doch auf halbem Wege trifft Sie ein Schneesturm. Sie stecken bis zum Bauch im Schnee. Idee: Schneeketten auf die Reifen ziehen. Das funktioniert für einige Zeit, doch der Schneesturm wird schlimmer. Idee: Nicht weit von hier gibt es einen warmen, gemütlichen Gasthof. Hinfahren. Am nächsten Tag scheint die Sonne, und der Schnee schmilzt. Los geht's. Erscheint Ihnen das zu einfach? Nun, es funktioniert. Ideen lassen das Konzept wieder aufblühen.

Ich hörte ein verdammt gutes Karrierekonzept, als Robert De Niro vor einer meiner Schauspielklassen sprach und sagte: »Ich bin Schauspieler geworden, um meine Persönlichkeit ausdrücken zu können.« Simpel. Man kann sehen, wie er versucht, in jeder Rolle noch ausdrucksstärker zu sein. Er wird alles tun – siebzig Pfund zunehmen, sich den Kopf kahl rasieren, alles –, um Hemmungen zu überwinden, um noch ausdrucksstärker zu sein. Dank dieser Ausdrucksfähigkeit lebt er auf sehr persönliche Art. Das ist sein Konzept. In gleicher Weise schreit Ihr Karrierekonzept danach, Ihr persönliches Karrierekonzept zu sein. Sie müssen es fühlen, es leidenschaftlich verfolgen, sich mit ihm verbinden, ganz für es arbeiten und leben, damit es Wirklichkeit wird.

Ihr Konzept muß so klar und so stark in Ihnen sein, Ihr

Wunsch so brennend, daß kein Hindernis zu groß ist. Schreiben Sie alles auf. Machen Sie es zu Ihrem Anliegen. Glauben Sie daran. Seien Sie leidenschaftlich. Es ist Ihre Unabhängigkeitserklärung. Stellen Sie Ihr Karrierekonzept in Ihrem Herzen groß heraus, und lassen Sie es den Pulsschlag Ihres Lebens sein.

Übung

Schreiben Sie Ihr Karrierekonzept nieder. Seien Sie kühn und mutig, aber präzise. Lassen Sie sich nicht auf psychologische Fragen und Aspekte ein. Überarbeiten Sie es zu einem praktikablen, pragmatischen, durchführbaren Konzept.

Das Sprungbrett

Hier ein einfach zu befolgender Ratschlag, der Ihnen beim Start Ihrer Karriere nützlich sein wird. Richten Sie sich einen stabilen, wohlgeordneten Schreibtisch ein, wo Sie Ihr Karrierekonzept organisieren und Ihre täglichen Aktivitäten planen können, ohne gestört oder unterbrochen zu werden. Dieser Schreibtisch wird Ihnen als Sprungbrett dienen. Plazieren Sie ihn so im Zimmer, daß er an einem hellen Platz mit viel Bewegungsfreiheit und vielleicht sogar einem schönen Ausblick steht. Oft reicht diese Art von Arbeitsplatz aus, um Ihnen ein Gefühl von Selbstvertrauen und Macht zu geben. Und denken Sie daran, es ist *Ihr* Arbeitsplatz. Teilen Sie ihn nicht mit anderen. Wenn Sie mit jemandem zusammenleben, sollten Sie sich Ihr eigenes Telefon, Ihren eigenen Anrufbeantworter und Ihren eigenen Schreibtisch anschaffen.

Ich begegnete einmal einer sehr guten Schauspielerin, deren Karriere sich nicht so weiterentwickelte, wie sie hoffte. Sie war talentiert, attraktiv und hatte einige gute Rollen gespielt, aber irgend etwas lief schief. Ihr häusliches Leben war voller Ablenkungen durch ihre Familie und Freunde. Ich riet ihr, sich einen Schreibtisch anzuschaffen und einen eigenen Arbeitsbereich einzurichten. Sie stellte ihn in einen abgeschiedenen Teil des Hauses. Sie legte die Spielregeln für ihre Familie und Freunde fest. Wenn sie an ihrem Schreibtisch arbeitete, durfte sie keiner stören.

Von ihrer neuen Operationsbasis aus war sie in der Lage, Ordnung in ihr Leben zu bringen. Sie begann, Telefonate zu führen, Verabredungen zu treffen und Zusammenkünfte zu organisieren. Sie hatte bereits in einem Film von Scorsese mitgespielt, der gerade einen neuen Streifen vorbereitete. Sie rief ihn an, aber er sagte ihr, es gebe für sie keine Rolle in diesem Film. Ich schlug ihr vor, ihm einen Brief zu schreiben und anzubieten, daß sie jede Rolle übernehmen würde. Es ging ihr nicht um die Größe der Rolle oder das Geld. All das war Teil ihrer neuen Strategie von ihrer neuen Machtbasis aus. Sie organisierte ihr Leben zielgerichtet. Und sie bekam eine Rolle.

Übung

Vervollständigen Sie diese Sprungbrett-Checkliste:

___ Schreibtisch
___ Telefon
___ Kalender
___ Liste mit nützlichen Adressen
___ Briefpapier
___ Wörterbuch

Entscheidungen

Jeder Augenblick im Leben verlangt eine Entscheidung. Tag für Tag fordern die Kleinigkeiten des Lebens, daß Sie sich entscheiden, ob Sie Ihr Karrierekonzept weiterverfolgen oder stoppen wollen. Schreibe ich den Brief, den ich schon seit Tagen schreiben will; oder setze ich mich vor den Fernseher? Entscheiden Sie sich. Habe ich die Schnauze voll davon, meinen Typen anzurufen, um mich mit ihm zu versöhnen? Bin ich zu müde, um zu dieser Versammlung zu gehen? Entscheiden Sie sich. Zu faul, um dieses Untersuchungsmaterial durchzusehen? Zu ängstlich, um die Einkommenssteuererklärung auszufüllen? Entscheiden Sie sich einfach. Oft sind die kleinen Entscheidungen in Ihrem Leben die wichtigsten. Mit ihnen leben Sie Tag für Tag, und an ihnen können Sie das Treffen großer Entscheidungen einüben.

Wenn Sie das Vorstellungsgespräch, das Geschäftstreffen oder die Anhörprobe im Theater hinter sich haben und nicht mit sich zufrieden sind, drehen Sie sich in der Tür um, gehen Sie zurück, und sagen Sie: »Ich habe ein Problem mit dem, was gerade abgelaufen ist. Können wir darüber reden?« Oder: »Können wir uns diesen Vertrag noch einmal ansehen?« Oder: »Kann ich das noch mal machen? Meine Anhörprobe hat mir nicht gefallen.« Oder verbeugen Sie sich, steigen Sie in Ihr Auto und fahren nach Hause, um Ihr Gesicht in Ihrem Kissen zu vergraben und zu heulen? Wie auch immer, Sie treffen jedesmal eine Entscheidung.

Wenn Sie sich in einer Situation gefangen fühlen, unfähig sind, eine Entscheidung zu fällen, und das Gefühl haben, nichts daran ändern zu können, gehen Sie an den Strand. Entfliehen Sie dem Ganzen für eine Weile. Gehen Sie im Wald spazieren. Sorgen Sie für Distanz. Schauen Sie sich die Entscheidungsmöglichkeiten an. Schreiben Sie sie nieder, damit Sie sie aus dem Kopf bekommen.

Ein Freund von mir, ein Computerfachmann, stand einmal vor der Entscheidung, in seiner Stellung zu bleiben – sicherer Arbeitsplatz, gutes Gehalt, Aktienoptionen, wachsendes Unternehmen – oder einen Job bei einer neuen Firma anzunehmen, der das gleiche Gehalt bot, aber häufige Reisen nach Rußland sowie Kreativität in Sachen Import und so erforderte. Ich schlug ihm vor, die positiven und negativen Aspekte des Rußland-Jobs und seines gegenwärtigen Jobs aufzuschreiben. Ich wollte, daß er sich über seinen gegenwärtigen Job Gedanken machte, denn nur allzu leicht sagt man: »Ich kenne meine Situation, ich weiß, was ich habe« und vergißt dabei einige wichtige Punkte. Schreiben Sie also alles auf.

Wenn Sie eine Entscheidung fällen müssen, nehmen Sie sich einen Block, einen Stift und für jede Entscheidungsmöglichkeit ein Blatt Papier. Ziehen Sie auf jedem Blatt in der Mitte eine senkrechte Linie, und schreiben Sie oben die jeweilige Entscheidungsmöglichkeit darauf. Schreiben Sie die positiven Aspekte auf eine Seite und die negativen Aspekte auf die andere. Notieren Sie alles, was Ihnen zu jeder Kategorie einfällt. Wirklich alles. Machen Sie das für jede Entscheidungsmöglichkeit, die Sie haben. Bewerten Sie die negativen und die positiven Aspekte. Befassen Sie sich eingehend mit Ihren Antworten. Welche Entscheidungsmöglichkeit hilft Ihrer Familie am meisten? Welche bringt Ihnen die größten Vorteile in der Zukunft, sowohl geistig wie materiell, sowohl kurzfristig wie langfristig?

Dann entscheiden Sie sich.

Viele Leute treffen Entscheidungen auf der Grundlage von Gefühlen. Gründen Sie Ihre Entscheidung nicht auf Gefühle, sondern auf die guten und schlechten Punkte, die Sie zu Papier bringen. Diese einfache Methode ist überaus effektiv, wenn es darum geht, zu einer Entscheidung zu kommen. Sich zu entscheiden ist der wichtigste Teil der ganzen Sache. Also tun Sie es, und haben Sie Spaß daran. Wie das Leben ist auch das Treffen von Entscheidungen ein Spiel, also haben Sie Spaß daran. Und dann »segeln Sie frohgemut über die Wellen«.

Übung

1. Überdenken Sie drei Entscheidungen, die Sie kürzlich getroffen haben, und bewerten Sie sie erneut auf der Grundlage dessen, was in diesem Kapitel angesprochen wurde.
2. Wählen Sie drei anstehende Entscheidungen aus, und treffen Sie Ihre Wahl mit Hilfe der oben genannten Methoden.

Das Perfektionssyndrom

Wenn Sie glauben, die absolut richtige Entscheidung treffen zu müssen, verrennen Sie sich leicht und entscheiden sich am Ende womöglich überhaupt nicht. Sie erliegen dann dem Perfektionssyndrom, wie ich diese Erscheinung zu nennen pflege. Sie behaupten, sich nicht auf diese oder jene Entscheidungsmöglichkeit festlegen zu können, weil Sie denken, daß diese Entscheidung nicht perfekt ist. Die Sache hat nur einen Haken: Es gibt keine perfekte Entscheidung. Aber Sie wollen nichts tun, wenn es nicht die perfekte ... Und so dreht sich das Ganze immer wieder im Kreis. Und wie endet es? Ohne Entscheidung.

In den sauberen, eleganten, soliden Prinzipien der perfekten Entscheidungsfindung ist der Mißerfolg vorprogrammiert. Das läuft etwa folgendermaßen ab: Sie wollen Ihr Wohnzimmer neu streichen. Welche Farbe wollen Sie wählen? Eierschalenweiß oder Perlgrau? Sie sind so wählerisch, Ihre Entscheidung muß so perfekt sein, daß Sie nach langem Hin und Her an die Schwelle Ihrer Entscheidungsfähigkeit gelangen, ermüdet, erschöpft und unsicher. Schließlich treffen Sie zögerlich und wankelmütig Ihre Entscheidung. Heftig und verzweifelt sagen Sie: »Also gut, dann zum Teufel Perlgrau.«

Kaum haben Sie angefangen zu streichen, wissen Sie schon, daß die Farbe, die Sie gewählt haben, einfach nicht paßt. Sie betrachten angstvoll das Zimmer und trampeln mit Ihrem ganzen Kritikvermögen auf Ihrer Entscheidung herum. Eierschalenweiß? Perlgrau? Silberblau? Verzweifelt schauen Sie sich erneut die Farbmuster an. Sie haben eine Entscheidung getroffen, die eben nicht perfekt ist. Eierschalenweiß hätte soviel besser zu dem beigen Teppich gepaßt. »O Gott, das ist nicht die richtige Farbe.« Na und? Was soll das alles? Es ist bloß eine Entscheidung, Sie können noch viele andere treffen. Lassen Sie sich nicht von dem kleinlichen Perfektionisten lähmen, der in Ihnen steckt und es nur richtig oder gar nicht will. Streichen Sie das Zimmer. Wenn es Ihnen nicht gefällt, streichen Sie es eben nochmals. Treffen Sie Ihre Entscheidung, und halten Sie sich daran.

Ein Leben lang haben wir auf die ängstlichen Stimmen der Vorsicht gehört. Eltern, Lehrerinnen, Pfarrer, Freundinnen sagen uns: »Sei vorsichtig, paß auf. Du fällst über Bord.« Sie geben vor, uns helfen zu wollen. »Wir wollen, daß du dein Bestes tust. Wir wollen dir helfen, das Richtige zu tun, perfekt zu sein.« Doch dies ist nicht ihre einzige Absicht. Diese Stimmen der Vorsicht verstecken ihr eigentliches Motiv hinter der Hilfsbereitschaft, denn in Wirklichkeit möchten sie Sie lieber stoppen, als von Ihnen in Verlegenheit gebracht zu werden. In Wirklichkeit sagen sie: »Bitte, laß uns nicht schlecht aussehen. Was du tust, ist nicht nach unserem Geschmack. Wir können dein Verhalten nicht akzeptieren.« Anstand, Vernunft, Schamgefühl, Takt, Konvention – oft verbergen sich diese unausgesprochenen Schlagwörter unter dem Deckmantel des Perfektionismus.

Das Perfektionssyndrom ist ein wesentliches Problem der heutigen Gesellschaft, und es spielt in jedem Lebensbereich, in dem Sie auf Schwierigkeiten stoßen, eine Rolle. Wie viele Menschen haben die Vorstellung des perfekten Jobs, des perfekten Partners, der perfekten Eltern, der perfekten Schauspielklasse, des perfekten Selbst – sehen sich aber Lichtjahre von dieser Utopie entfernt? Sie sind dermaßen überwältigt von der tiefen, dunklen Kluft zwischen der Realität und ihrem Ideal, daß sie, statt daran zu arbeiten, daß diese Kluft kleiner wird, nichts tun. Sie verfallen in Apathie. Ein Freund von mir besitzt ein wirklich schreckliches Auto, einen zerbeulten Toyota, der immer schmutzig ist und repariert werden muß. Ich weiß, daß sein Traum ein BMW-Cabrio ist und daß der Unterschied zwischen seiner Klapperkiste und dem BMW so gewaltig ist, daß er keinen Versuch unternimmt, die Klapperkiste in Schuß zu bringen. Aber ich glaube, daß der BMW um so näher rücken würde, je mehr Energie dieser Freund darauf verwendete, seinen Toyota in Ordnung zu bringen. Das ist die Gerechtigkeit dieser Welt.

Übung

Listen Sie fünf Bereiche Ihres Lebens auf, in welchen Sie dem Perfektionssyndrom unterliegen, und beschreiben Sie, welche Schritte Sie unternehmen können, um dieser Tendenz zu entgehen und diese Bereiche durch tatsächliche und praktische Handlungen zu verbessern.

Nachtrag: Ich bat meinen Redakteur, diese Übung auszuprobieren. Er nannte mir vier Bereiche, in denen er Probleme mit dem Perfektionssyndrom hat: (1) Frauen, bei denen er meint, Cary Grant sein zu müssen, um sich mit ihnen zu verabreden; (2) die Schauspielerei, wo sein Wunsch, »richtig« zu spielen, seine Ideen verhindert; (3) seine Stellung im Betrieb, wo er Angst hat, Fehler zu machen; und (4) Klavier spielen – er ist ein hervorragender Pianist, ist aber manchmal von der Vorstellung besessen, »perfekt« spielen zu müssen. Einen fünften Bereich fand er nicht. Ich fragte: »Wie steht's mit deinen Eltern?«

»Oh, nein, da wollte ich früher perfekt sein, der perfekte Sohn und all das, aber das habe ich vor einer Weile aufgegeben.«

»Du redest mit Ihnen?«

»Nein.«

»Du kneifst also?«

»Na ja …«

»Du weißt nicht, was du mit ihnen machen sollst. Sie sind so weit von deinem Elternideal entfernt, daß du sie einfach meidest. Das ist keine Alternative. Indem du sie meidest, hältst du dich selber davon ab, dein Problem zu lösen. Der Grund, weshalb du das nicht zugeben willst, liegt darin, daß du ihnen gegenübertreten müßtest.«

»Du meinst *in persona?«* Wir brachen beide in lautes Gelächter aus.

Alte Systeme niederreißen

Irgendwann müssen Sie sich von dem lösen, was Sie für Ihre eigene Meinung halten, was aber in Wirklichkeit die Meinung von anderen ist. Diese Ansichten vertreten Sie, um anderen zu gefallen, um akzeptabler, liebenswerter zu sein und um Auseinandersetzungen und Schwierigkeiten zu vermeiden. Indem Sie Schwierigkeiten aus dem Weg gehen, übergehen Sie sich selbst, Ihre Gedanken, Ihre Meinungen und entziehen sich obendrein den wirklichen Erfahrungen des Lebens.

Nehmen wir an, Sie und Ihr Partner schauen sich einen Film an. Sie teilen seine Meinung über diesen Film nicht, sagen ihm dies aber nicht. Sie schlucken Ihre Meinung herunter und übernehmen seine Sichtweise. Wenn Sie einige Tage später jemand fragt, was Sie von dem Film halten, geben Sie die Meinung Ihres Partners als die Ihre aus. Wenn Sie diesen Weg weiterverfolgen, finden Sie sich zehn Jahre später womöglich in einer unerfüllten Beziehung. Diese vermasselte Beziehung ist der Preis dafür, daß Sie zehn Jahre lang Ihre Meinung zu einem Film und weiß Gott, was sonst noch, nicht gesagt haben. An irgendeinem Punkt, zu irgendeiner Zeit müssen Sie in einer Beziehung anfangen zu sagen, was Sie denken.

Ihre geborgten Ansichten haben vermutlich wenig oder gar nichts damit zu tun, wer Sie sind und wer Sie sein wollen. Sie übernehmen diese Ansichten automatisch, ja Sie werden von ihnen geradezu übernommen. Sie billigen ihren Gebrauch, als wären es Ihre eigenen Gedanken und Gefühle.

Betrachten Sie sich genau. Bei wie vielen Ihrer Ansichten über Rasse, Religion, Kunst, Sex, Geschäfte usw. finden Sie Echos der Ansichten Ihrer Eltern? Ihrer Freunde? Ihres Ehepartners? Wie viele haben Sie durchgesiebt, um festzustellen, ob Sie sie wirklich teilen oder nicht? Leben Sie nach einem Drehbuch, das ein anderer geschrieben hat? Sie müssen Ihr Drehbuch selber schreiben. Sie müssen Ihre eigenen Werte entdecken, Ihre eigenen Ansichten, Ihre eigenen Leidenschaften. Sie müssen diese Nabelschnur zu Ihren Eltern und anderen durchschneiden und Ihre eigene, einzigartige Sichtweise von der Sichtweise Ihrer netten, angepaßten, vorsichtigen, status-quo-verhafteten Freunde und Familie abtrennen. Wenn Sie Ihren Gedanken und Gefühlen Ihren Stempel aufdrücken, sind Sie auf dem Weg zu Ihrer Einzigartigkeit. Sie müssen nicht aufhören, diejenigen zu lieben, die Sie beeinflußt haben, aber es ist nun an der Zeit, weiterzugehen und Ihren eigenen Weg zu finden. Und auf diesem Weg werden Sie vermutlich sogar Liebe erfahren.

Die Abneigung davor, alte Denkweisen, alte Verhaltensweisen, alte Sichtweisen über die eigene Person aufzugeben, hält Sie wie ein Anker fest. Sie »segeln nicht über die Wellen«. Sie gehen unter. Diese Ansichten, die nicht Ihre eigenen sind, schwächen Sie. Gleichzeitig schreit es in uns, daß wir unsere Träume nicht verwirklichen. Um irgend etwas in dieser Welt zu erreichen, müssen Sie an Ihren Weg glauben. Sie müssen Vertrauen haben in das, was Sie denken und fühlen, und mit all Ihrer Kraft das tun, was Sie tun wollen. Ich fordere keine Revolution, aber eine Evolution. Um produktiver und effektiver zu werden, müssen Sie sich vermutlich verändern und weiterentwickeln, bewegen, alte Denkweisen aufgeben, damit ein neues, stärkeres Selbst entstehen kann.

Übung

Nehmen Sie einen Block und einen Stift, und schreiben Sie einige Ansichten auf, die Sie über Spielfilme, Politik, Weltereignisse, Beziehungen und Essen haben – und vielleicht auch Ansichten über Sie selbst. Schauen Sie sich die Liste an. Denken Sie darüber nach. Sind diese Ansichten Ihre eigenen oder die von anderen? Die Entscheidung liegt bei Ihnen. Wollen Sie sie beibehalten oder verwerfen?

Hamal

HAMAL (gesprochen ha-MAHL): Türkisches Wort für einen Tagelöhner niedrigsten Ranges. Speziell jene, die schwere Lasten auf dem Rücken tragen. Ein Lasttier.

Ein Schauspielschüler, der mit einem Besen den Bühnenboden kehrt, erzählt, daß ihm sein Vater das Fegen beigebracht hat, als er kleiner Junge war. Seit dieser Zeit hat er immer als eine Art Hausmeister gearbeitet. Selbst jetzt, wo er die Schauspielschule besucht, hilft er beim Saubermachen im Theater. Mit ihm führte ich folgendes Gespräch:

Milton: Wie haben Sie sich gefühlt, als Sie die Musik aufgaben und wieder im Glasladen Ihres Vaters arbeiteten?

Schüler: Ich kam mir als Versager vor.

Milton: Wollen Sie darüber reden?

Schüler: Nein. Ich habe noch mit niemandem darüber geredet.

Milton: Hat Sie jemand davon abgebracht, Ihrer Musik nachzugehen?

Schüler: Na ja, meine Familie hat es als Hobby betrachtet. Als ich im Glasgeschäft aufhörte, habe ich von zwanzig Dollar in der Woche gelebt, nur Gitarre gespielt und den ganzen Tag geübt. Sie waren sehr glücklich, als ich die Musik an den Nagel gehängt habe,

Milton: Hat Sie irgend jemand in Ihrer Familie ermutigt? Ich meine, wenn Sie zu Besuch nach Hause gekommen sind und sie Ihnen die Kartoffeln und die Sauce auf den Teller gegeben haben, hat man Sie dann wie einen ausgeflippten, Zwanzig-Dollar-pro-Woche-Musiker behandelt? Oder hat man Sie mit einem Siegerkranz begrüßt?

Schüler: Nein. Es war immer mehr wie: »Was machst du mit deinem Leben? Wann packst du endlich deinen Kram zusammen und kommst zurück in den Glasladen?«

Milton: Also war Ihre Familie aktiv daran beteiligt, Sie von der Musik abzubringen und zurück in den Glasladen zu kriegen?

Schüler: Ja. Sie haben mich jedesmal entmutigt.

Milton: Wer hauptsächlich?

Schüler: Ich glaube, vor allem mein Vater. Ich habe zu meiner Mutter gesagt, daß sie nur dann hinter mir stehen würden, wenn ich im Glasgeschäft sei und alles tue, was mein Vater wolle. Daß sie aber gegen mich seien, wenn ich etwas anderes tue.

Milton: Ich verstehe. Haben Sie Ihrem Vater jemals gesagt, daß er Sie von der Musik abgebracht hat?

Schüler: Nein.

Milton: Sagen Sie es ihm jetzt.

Schüler: Ich könnte ihm einen Brief schreiben.

Milton: Sie könnten ihm jetzt einige Dinge sagen, wenn Sie wollen. Wir können improvisieren. Stellen Sie jemanden da hoch auf die Bühne, zu dem Sie sprechen. Es kann Ihr Vater sein. Oder reden Sie einfach zur Wand, wenn Ihnen das lieber ist.

Schüler: O Gott, das wollte ich eigentlich nicht.

Milton: Los, reden Sie mit ihm. Jetzt. Sagen Sie es ihm.

Schüler: *(Leise.)* Ich weiß gar nicht, was ich sagen soll.

Milton: Versuchen Sie's.

Schüler: *(Zu seinem Vater.)* Weißt du, ich glaube, ich weiß, weshalb du nicht wolltest, daß ich ins Musikgeschäft gehe. Es war wegen Ron Smith, der immer in irgendwelchen Spelunken Gitarre spielte, sich jedesmal vollsoff und Krach schlug und dann nicht zur Arbeit kam. Das war das einzige, womit du einen Musiker vergleichen konntest – mit einem Trunkenbold, der in Spelunken spielte. Du hattest keine Ahnung, was Musik für mich bedeutete. Davon, daß mein Leben vielleicht noch aus etwas anderem bestehen könnte als aus harter Arbeit von Sonnenaufgang bis Sonnenuntergang. Musik war etwas, was mich bewegte. Ich kann es kaum in Worte fassen, welche Gefühle Musik bei mir wachrief.

Milton: Sagen Sie ihm, was es für Sie bedeutet hat, die Musik aufzugeben.

Schüler: *(Zu seinem Vater.)* Ich wollte immer das tun, was du von mir verlangt hast. Ich wollte immer in deinen Augen perfekt sein. Aber ich kann mein Leben nicht für dich führen. Ich wollte in meinem Leben nie etwas anderes als Musik machen. Ohne deine Unterstützung habe ich mich niemals wohl gefühlt. Ich hatte den Eindruck, in deinen Augen ein totaler Versager zu sein. Als ich die Musik an den Nagel hängte, habe ich dich dafür gehaßt. Ich hasse dich deswegen noch immer. Ich verstehe nicht … *(Weinend.)* Obwohl du sagst, daß du jetzt hinter mir stehst, tust du es nicht. Ich weiß, daß du es nicht tust. Ich kann noch nicht einmal am Telefon mit dir reden, ohne daß du willst, daß ich zurückkomme. Ich will mit dir reden. *(Mit tränenerfüllter Stimme.)* Ich will den verdammten Besen nicht mehr schwingen. Ich arbeite wirklich hart. Ich habe hart an meiner Musik gearbeitet. Du hast all mein Selbstvertrauen zerstört, auch wenn du das vielleicht nicht weißt.

Milton: Sagen Sie ihm, wie ein Teil von ihm in Ihnen gestorben ist, als Sie mit der Musik aufgehört haben.

Schüler: *(Zu seinem Vater.)* Ich kenne niemanden, der etwas Schlechtes über dich zu sagen weiß. Deshalb hielt ich dich immer für den besten Vater der Welt. Als du mich von dem abgebracht hast, was mich begeisterte, habe ich mir gewünscht, einen anderen Vater zu haben. Ich habe mir gewünscht, du wärst nicht mein Vater. Ich wünschte, ich könnte dich wieder respektieren. Aber ich respektiere dich nicht.

Milton: Was könnte er tun, damit Sie ihn wieder respektieren? Gibt es etwas, was er tun könnte? Ich meine, wäre es mit einem großen alten Cadillac-Cabrio von 1957 getan?

Schüler: *(lachend.)* Das ist sein Auto, nicht meins.

Milton: Also sagen Sie ihm, was er tun könnte ... Können Sie ihm sagen, was er tun soll? Und können Sie sich dann vorstellen, nur vorstellen, ihm wieder einen gewissen Respekt entgegenzubringen?

Schüler: *(Zu seinem Vater.)* Das einzige ... das einzige, was ich weiß, ist, daß du mich einfach in den Arm nehmen und mich richtig drücken könntest und mir zum ersten Mal sagen könntest, daß du mich liebst, so wie ich bin ... Es interessiert mich nicht, ob du richtig findest, was ich tue. Ich kann nicht mit Worten ausdrücken, was ich empfinde, wenn ich dich einmal im Jahr besuchen komme. Du willst mir die Hand schütteln. Ich will kein verdammtes Händeschütteln.

Milton: Also, wenn er das täte, dann könnten Sie sich vorstellen, bloß vorstellen, daß wieder ein gewisser Respekt ihm gegenüber möglich wäre? Stimmt das?

Schüler: Wenn er es aus vollem Herzen tut.

Milton: Gut. Bleiben Sie da stehen, wo Sie sind. Kennen Sie den Monolog »Sein oder Nichtsein« ...?

Schüler: Nicht mehr so genau.

Milton: Machen Sie weiter mit dem, was Sie empfinden. Hier und jetzt. Haben Sie keine Angst ... nur ein kleines Stück davon ...

Schüler: Sein ... oder Nichtsein, das ist hier die Frage. Ob's edler ...

Milton: Im Gemüt ...

Schüler: Edler im Gemüt ...

Milton: Die Pfeil ...

Schüler: Ob's edler im Gemüt, die Pfeil und Schleudern des wütenden Geschicks erdulden, oder, sich waffnend gegen die See von Plagen, durch Widerstand sie enden?

Milton: Sterben – schlafen …

Schüler: Sterben – schlafen – nichts weiter! – und zu wissen, daß ein Schlaf das Herzweh und die tausend Stöße endet, die unsers Fleisches Erbteil …

Milton: Ja. 's ist ein Ziel, aufs innigste zu wünschen.

Schüler: 's ist ein Ziel, aufs innigste zu wünschen. Sterben – schlafen – schlafen! Vielleicht auch träumen! …

Milton: Sagen Sie es ihm. Sagen Sie es ihm. Sagen Sie es zu Ihrem Vater.

Schüler: Was in dem Schlaf für Träume kommen mögen, wenn wir den Drang des Ird'schen abgeschüttelt, das zwingt uns stillzustehn. Das ist die Rücksicht, die Elend läßt zu hohen Jahren kommen.

Milton: Sprechen Sie zu ihm über die Demütigung …

Schüler: Denn wer ertrüg der Zeiten Spott und Geißel … *(Er bricht den Besenstiel über dem Knie durch.)*

Milton: Okay. Wie geht es Ihnen?

Schüler: Das macht Spaß.

(Gelächter in der Schauspielklasse.)

Milton: *(Zur Schauspielklasse.)* Ja klar. Nun, verstehen alle, was wir hier tun? Er hat seine persönlichen Gefühle direkt in ein Bühnenstück gelegt, *Hamlet.* Das ist eine Technik des Schauspielens.

Also, die Grundlage für diesen persönlichen Monolog ist die Hamal-Haltung. Menschen mit einer Hamal-Haltung fühlen sich wie Lasttiere, selbst wenn manche von ihnen in Palästen wohnen. Ihre Umgebung führt nicht zwangsläufig zu einem gesunden Innenleben, zu Selbstachtung oder Selbstvertrauen. Man muß sich mit der Hamal-Haltung auseinandersetzen. Ich kenne keinen großen Künstler, keinen wirklichen Menschen, der ein Hamal ist. Ich kenne viele große Künstler und wundervolle Menschen, die vom Hamal zu etwas Größerem aufgestiegen sind. Manche fühlen sich noch immer als Hamal, obwohl sie große Büros haben und vierhunderttausend Dollar im Jahr verdienen. Ein hohes Gehalt schützt nicht vor der Hamal-Haltung, und umgekehrt macht ein Besen allein niemanden zu einem Hamal. Die innere Haltung macht den Hamal aus.

Ein Hausmeister in SoHo sagte einmal zu meinem Bruder: »Die Leute fragen sich, warum ich zufrieden bin, obwohl ich nichts anderes tue, als Dreck und Müll aufzusammeln. Ich sage ihnen, daß ich glaube, etwas wirklich Sinnvolles zu tun. Aber das kann ich nicht zu meinen Hilfskräften sagen. Sie verstehen das einfach nicht. Sie sehen, ich habe Stolz.« Dieser Mann läuft mit einem Stolz durch das Viertel, als gehöre ihm ganz SoHo. Die Hamal-Haltung kann man also überwinden.

(Zum Schüler.) Was Sie mit dem Besen gemacht haben, hat mir gefallen. Der Besen ist Ihr Vater.

Der Besen ist das Aufgeben Ihrer Musik, das Aufgeben Ihrer Träume. Der Besen ist der Hamal, und Sie haben ihn zerbrochen. Wir könnten diesen Besen im *Hamlet* haben – »Hamlet mit dem Besen«.

Schüler: Na ja, ich weiß, wie man kehrt. Ich mache das jeden Morgen. Gleich hier draußen auf der Gasse.

Milton: Kehren ist nichts Besonderes; wichtig ist, was man dabei empfindet.

Schüler: Das stimmt. Manchmal macht es mir Spaß.

Milton: Ich meine, wenn Sie niemals wieder kehren, dann ist das prima. Es ist auch prima, wenn Sie kehren, wann immer Sie wollen und stolz darauf sind. Dann werden Sie Hamlet, der Prinz.

Übung

Listen Sie auf, wo Sie ein Hamal gewesen sind – in Ihrem Beruf, Ihren Beziehungen oder in Ihrer Familie –, und schreiben Sie auf, was Sie dagegen unternommen haben. Seien Sie so präzise wie möglich. Anschließend listen Sie auf, wo Sie gegenwärtig ein Hamal sind und was Sie dagegen tun können. Seien Sie hart gegen sich selbst, aber vergraben Sie sich nicht unter der Last, die Sie vorfinden.

Öffnen Sie die Augen, und hören Sie gut zu!

Vielleicht gewinnen Sie jetzt den Eindruck, ich würde vom Thema abschweifen, wenn ich hier ausdrücklich auf die Bedeutung des Lesens aufmerksam mache. Auch in den hochindustrialisierten Ländern Europas und Nordamerikas haben viele Menschen Probleme beim Lesen (und erst recht beim Schreiben). Doch ist die Fertigkeit des Lesens die Grundlage für jede andere Fertigkeit. Sie ist wesentlich für das Herz und die Seele jeder Karriere, jedes Lebens.

Nun, ich will Ihnen nicht Ihre TV-Fernbedienung wegnehmen, aber abgesehen von einigen wenigen Ausnahmen, liest unsere Gesellschaft nicht genug. Durch das Fernsehen und unsere hektische Lebensart kommt Lesen zunehmend aus der Mode. Die Fernbedienung erlaubt es uns, von einem Kanal zum nächsten zu zappen auf der Suche nach etwas, das für zwanzig Sekunden unser Interesse weckt. Lesen ist eine Fertigkeit. Beim Lesen muß man sich anstrengen, muß man geduldig sein.

Hier ist meine Definition von Lesen: »Öffnen Sie die Augen, und hören Sie gut zu!«

Das ist es. So einfach, nichts weiter. Die Gesellschaft lehrt uns, daß wir blöde, begriffsstutzig oder dumm sind, wenn wir nicht lesen können. Ich hingegen meine: Wenn der Intellekt auf diese Weise bewertet wird, bekommt das Lesen eine verzerrte Bedeutung. Lesen ist Kommunikation. Das ist alles. Jemand erzählt etwas. Sie hören zu. Lassen Sie den Autor einfach erzählen, und hören Sie ihm zu.

Sie können Ihre Lesefähigkeit mit der Hilfe einiger Dinge

verbessern. Haben Sie schon einmal von Golftips gehört? Nun, hier sind einige Lesetips: Kaufen Sie sich ein gutes Wörterbuch. Sehen Sie sich verschiedene Wörterbücher an, und wählen Sie das, das Ihnen am besten gefällt. Benutzen Sie Ihr Wörterbuch beim Lesen häufig und geduldig. Lesen Sie gründlich, und schlagen Sie nach, wenn es nötig ist.

Und noch etwas: Wenn Sie Probleme beim Lesen haben, dann gibt es möglicherweise irgendwo in Ihrer Vergangenheit ein Trauma, das mit dem Lesen in Zusammenhang steht. Irgend jemand – ein Lehrer, ein Verwandter, ein Freund – sagte zu Ihnen: »Du kannst das nicht. Du beherrscht das Lesen nicht. Du bist einfach zu dumm.« Vielleicht sagte er dies vor anderen Leuten. Und dieses Erlebnis hat Sie getroffen und erschüttert. Vielleicht sind Sie nach Hause gegangen, haben jemandem von diesem Erlebnis erzählt und wurden durch dessen Reaktion erneut getroffen. »Nun, mein Sohn, dein Lehrer hat recht. Du bist dreizehn Jahre alt, und du liest wie ein Erstkläßler.« Wenn Sie sich an ein traumatisches Erlebnis wie dieses erinnern, dann machen Sie es sich bewußt, und bringen Sie zu Papier, was passiert ist und wer daran beteiligt war. Wenn Sie eine bestimmte Schlußfolgerung daraus gezogen haben, damals oder jetzt, schreiben Sie sie auf, damit sie nicht länger in Ihrem Kopf gefangen ist. Ihre Schlußfolgerung kann beispielsweise lauten: »Vor meinen Klassenkameraden kam ich mir dumm vor, und zu Hause fühlte ich mich auch noch gedemütigt. Ich werde niemals richtig lesen können. Sie sollen sich alle zum Teufel scheren.« Formulieren Sie diesen Blick auf das Trauma mit einfachen Worten; kommen Sie zur Sache, aber verweilen Sie nicht bei ihr!

An dieser Stelle noch ein Wort zur Dyslexie, einer Störung der Lesefähigkeit. *Das griechische* lexis *bedeutet »das Sprechen; Rede; Wort«, und* dys *bedeutet »abweichend von der Norm«.*

Das ist die Etymologie des Wortes. Ich kann damit leben, neige aber eher zu der Auffassung meiner griechischen Mutter, die meinte: »Ich sage etwas zu dir, und du bestehst hartnäckig darauf, daß ich etwas anderes zu dir gesagt habe.« Ich habe zwei Professoren am Sprachinstitut der Universität von Kalifornien zu dieser Definition befragt. Sie waren der Meinung, diese Definition sei absolut akzeptabel. Sie kommt aus dem allgemeinen Sprachgebrauch und aus dem Herzen.

Meiner Ansicht nach ist Dyslexie die Folge einer Entscheidung. Einer Entscheidung, die jeder selbst trifft. Es kann eine unbewußte Entscheidung sein, aber sie liegt vermutlich dichter an der Oberfläche, als man immer dachte. Es ist nicht meine Absicht, die ehrlichen Bemühungen derer herabzuwürdigen, die auf dem wichtigen Gebiet der Lesestörungen arbeiten. Aber ich glaube, daß es Situationen gibt, wo sich das Problem einfacher und schneller lösen läßt als allgemein angenommen. Ich bin sogar der Meinung, daß man in einigen Fällen ganz gut ohne den Begriff Dyslexie auskommt.

Es gibt selbstverständlich ernsthafte und schwierige Lesestörungen, die große Finesse und Geduld erfordern. Doch bei allem gebotenem Respekt will ich die Vorstellung unterstützen, daß Dyslexie – wie meine Mutter sagte – nichts anderes ist als: »Ich sage etwas zu dir, und du bestehst hartnäckig darauf, daß ich etwas anderes zu dir gesagt habe.« Und vor diesem Hintergrund lautet mein simpler Ratschlag: »Öffnen Sie die Augen, und hören Sie gut zu!«

(Klassendiskussion)

Milton: Lesen ist kein Intelligenztest, kein Wettbewerb. Wenn Sie nur eine Seite am Tag lesen, während Ihr bester Freund in einer Woche einen Roman liest, ist das in Ordnung. Haben Sie Geduld. Mit der Zeit werden Sie schneller. Wichtig ist, daß Ihnen diese eine Seite klar ist und Sie sie verstehen. Ihr Selbstvertrauen wird wachsen.

Schülerin: Ich habe Probleme mit jemandem, der überhaupt nicht liest. Ich versuche, ihm zu helfen, aber er wird immer so wütend.

Milton: Ihr Freund?

Schülerin: Ja.

Milton: Bloß eine wilde Vermutung. Er kämpft dagegen an. Sie können versuchen, auf nette Art zu helfen, auf sanfte Art, auf geduldige Art, sogar auf harte Art, aber letzten Endes muß er selber sich entschließen, etwas dagegen zu tun, nicht wahr?

Schüler: Wenn ich Wörter nachschlage, habe ich Schwierigkeiten, mir ihre Bedeutung zu merken.

Milton: Ich bin ein Genie in Sachen Wörterbuch. Um ein solches Genie zu werden, habe ich dieselben Wörter immer wieder nachgeschlagen, bis ich sie wußte. Wenn Sie ein Wort nachschlagen und in der Definition ein anderes Wort steht, das Sie nachschlagen müssen, machen Sie sich nichts daraus, das ist in Ordnung. Lassen Sie sich darauf ein. Machen Sie die Reise. Diese Beharrlichkeit trägt in erheblichem Maß dazu bei, ein kluger Kopf zu werden.

(Ende der Klassendiskussion)

Diese Methode des Lesens wird in meinen Klassen befolgt, und die Schauspielschüler machen enorme Fortschritte. Bei einigen hat sich das Interesse am Lesen und die Anzahl der Bücher, die sie lesen, um 50 Prozent erhöht. Bei anderen sogar noch mehr. Also, probieren Sie diese Vorgehensweise aus.

Von einem meiner Schüler, Lenny Citrano:

Ich habe während meiner gesamten College-Zeit nicht ein einziges Buch gelesen. Ich hielt es für Zeitverschwendung. Eines Abends dann sprach Milton in unserer Schauspielklasse über eine spezielle Methode des Lesens und ihren Einfluß auf den Hamal, also darauf, daß jemand sich als niederes, machtloses Lasttier erfährt. Da wurde mir klar, daß ich mich wie ein Hamal fühlte. Ich dachte, alle andern seien schlauer als ich, weil sie alles lesen konnten, was sie wollten.

Also befolgte ich Miltons Lesetips und kaufte mir ein erstklassiges Wörterbuch. Miltons erste Buchempfehlung war Verdammt in alle Ewigkeit. *Ich begann, das Buch zu lesen und alle Wörter nachzuschlagen, die ich nicht verstand. Am Anfang war ich ganz schön langsam, aber ich gab nicht auf und war richtig stolz, als ich die letzte Seite gelesen hatte. Ich stellte auch fest, daß es mir wirklich Spaß machte, zu hören, was der Verfasser, James Jones, zu sagen hatte.*

Das nächste Buch, das Milton vorschlug, war Hemingways Wem die Stunde schlägt. *In der Mitte blieb ich stecken und las nicht mehr weiter. Eines Tages fragte mich Milton: »Wie läuft's mit Hemingway?« Ich mußte ihm sagen, daß ich aufgehört hatte, das Buch zu lesen. Er sagte: »O nein. Nein, das dürfen Sie nicht tun. Los, lesen Sie es zu Ende, oder wir werden wieder den Hamal riechen.« Also las ich es zu Ende.*

In den vergangenen zwei Jahren habe ich, neben den vierundzwanzig Theaterstücken für den Bühnenstück-Lesekursus, an dem ich teilnehme, achtzehn Bücher gelesen. Von kurzen, ziemlich einfachen Romanen mit zweihundert Seiten bis zu Tolstois Wälzer Anna Karenina. *Lesen ist sehr wichtig für mich. Durch das Lesen kann ich mir ein wirklich klares Bild von verschiedenen Orten machen. Ich bin nicht viel in der Welt herumgekommen, aber irgendwie meine ich jetzt, ich hätte es getan.*

Mittlerweile lese ich immer mindestens ein Buch. Ich kann jetzt alles lesen, was ich will. Das Lesen hat mich enorm weitergebracht, sowohl als Schauspieler wie auch als Mensch. Der Hamal in mir ist tot, tot, tot.

Übung

Kaufen Sie sich ein gutes Wörterbuch. Benutzen Sie es, ganz gleich, was Sie lesen, und schlagen Sie alle Wörter nach, die Sie nicht verstehen. Tauchen auch in der Definition Wörter auf, die Sie nicht verstehen, dann schlagen Sie diese ebenfalls nach. Bedienen Sie sich dieser Technik immer, wenn Sie etwas lesen. Selbst wenn Sie eine beeindruckende Hochschulausbildung haben, schlagen Sie Wörter nach, von denen Sie nicht genau wissen, was sie bedeuten. Sie werden mehr lernen, als Sie denken.

Freies Fließen

Um Entscheidungen treffen zu können, müssen Sie präsent sein und sich verantwortlich fühlen. Ihre körperliche Anwesenheit allein genügt nicht. Sie müssen hellwach sein und wissen, was vor Ihnen liegt. Lassen Sie Ihr Selbstwertgefühl nicht draußen vor der Tür. Wenn Sie Angst haben und Ereignissen eine verzerrte Bedeutung beimessen, werden Sie unbeweglich und starr. Sie sind dann nicht in der Lage, die Situation adäquat zu erkennen und richtig darauf zu reagieren. »Ich muß den Job bekommen.« »Ich muß gut sein in der Konferenz.« »Ich verliere alles, wenn ich dieses Geschäft nicht abschließe.« »Ich muß diese Gehaltserhöhung bekommen; wenn nicht, ist das mein Ende.« Das ist nicht der richtige Weg. Sie müssen flexibel sein. Setzen Sie sich nicht unter Druck. Lassen Sie sich auf das Geschehen ein. Lassen Sie sich auf die Menschen ein, mit denen Sie zu tun haben. Hören Sie ihnen zu. Schaffen Sie eine Verbindung zu ihnen. Reden Sie mit ihnen. Vollziehen Sie ihren Standpunkt nach.

Wenn der Druck eines Vorstellungsgespräches oder einer anderen Unterredung für Sie so groß wird, daß Sie erstarren, probieren Sie folgendes aus: Wenn Sie merken, daß Sie nicht mehr Herr der Lage sind, schauen Sie sich den Raum an, in dem Sie sich befinden, so schwer dies Ihnen auch fallen mag. Spüren Sie den Teppich unter Ihren Füßen. Achten Sie auf die Möbel. Betrachten Sie das Bild an der Wand. Fühlen Sie den Stift in Ihrer Hand. Schauen Sie sich die Menschen an, mit denen Sie zusammen sind, die Farbe ihrer Haare, einen Makel oder eine interessante Kurve an ihrem Mund.

Berühren Sie etwas auf dem Schreibtisch, was Sie noch niemals zuvor berührt haben. Schauen Sie etwas an, was Sie noch niemals zuvor gesehen haben. Entdecken Sie den Fleck auf dem Glas, das Sie in der Hand halten. Spüren Sie die kühle Luft der Klimaanlage. – Diese Technik hilft Ihnen, sich bei einer Unterredung zu konzentrieren; sie vertreibt Ihre mechanischen Antworten und trägt dazu bei, daß Sie hellwach, flexibel und effektiv bleiben.

Ist es Ihnen auch schon passiert, daß Sie nach einem Geschäftstreffen, einem Zahnarzttermin, einer Verabredung oder selbst nach einem Mittagessen mit einem Freund zum Auto zurückgingen und feststellten, daß Sie einem Vorschlag zugestimmt hatten, mit dem Sie nicht leben können? Sie waren nicht fähig, zu widersprechen, weil Sie sozusagen »im Raum schwebten«, voller Furcht und unfähig zu reagieren. Sie waren nervös, hatten Angst, das Boot zum Kentern zu bringen, und gaben deshalb einfach auf und fügten sich.

Gehen Sie zu der betreffenden Person zurück. Machen Sie Ihren Standpunkt klar. Diskutieren Sie in aller Ruhe die Zahnarztrechnung, die Sie nicht verstehen oder mit der Sie nicht einverstanden sind. Gehen Sie zurück zu dem Metzger, und bitten Sie ihn, etwas mehr Fett abzuschneiden. Sagen Sie der Person, mit der Sie verabredet waren, mit netten Worten, daß auch Sie das Treffen nicht so toll fanden. Sagen Sie Ihrer Abteilungsleiterin, daß Sie die Expansionspläne nicht gut finden, und bieten Sie Ihr ganzes Wissen auf, um ihr auf intelligente Weise die Gründe für Ihre Haltung vorzutragen.

Hier ein Beispiel: Ich fahre eines Abends zu meinem Lieblingsrestaurant, habe aber keinen Tisch reserviert. Einige Minuten bevor ich dort eintreffe, rufe ich an und sage, daß ich komme. Am anderen Ende der Leitung höre ich ein kurzes Zögern des Oberkellners, den ich seit Jahren kenne. Ich schlage vor, ein anderes Mal wiederzukommen, und er geht – wie mir scheint – nur allzu bereitwillig darauf ein. Ich ärgere mich. Ich wollte, daß er meinen Vorschlag ablehnt. Dann beschließe ich, dass ich dieses Lokal, wo ich so gerne hingehe, nicht verlieren will. Drei Tage später gehe ich zum Mittagessen hin. Ich frage den Maître d'hôtel: »Haben Sie einen Tisch für mich? Oder ist das ein Problem?« Er antwortet: »Einen Tisch für Sie? *Oui!* Ein Problem? Neiiiiiin! *Mon dieu!* Kein Problem, kein Problem!« Ich frage nochmals. »Nein, nein, nein! *Mon cher ami!*« Ihm stehen beinahe Tränen in den Augen. Ich denke, er protestiert allzu heftig, aber zumindest habe ich die Sache angesprochen. Ich habe die Dinge nicht auf sich beruhen lassen, mich nicht innerlich geärgert und bin nicht Gefahr gelaufen, ein gutes Restaurant zu verlieren. Zwei Wochen später – kurzfristige Verabredung, keine Tischreservierung – gehe ich wieder hin. »Milton! *Mon cher!* Aber selbstverständlich, selbstverständlich, jederzeit …« Hätte ich den ersten Vorfall geschluckt, dann hätte ich wohl nicht die einschmeichelnden Worte zu hören bekommen: »Aber selbstverständlich, selbstverständlich, jederzeit …« Am Rande sei noch erwähnt, daß ich mittlerweile sein Partner in einem neuen Restaurant bin.

Wenn Sie sich einmal dazu durchgerungen haben, aufzustehen und zur Kenntnis genommen zu werden, wird es in späteren ähnlichen Situationen immer einfacher. Sie werden immer selbstbewußter, und das Unkraut der Besorgnis wuchert Sie nicht zu. Doch wenn Sie heute nicht aufstehen und sich herumschubsen lassen, dann ist es für das Leben leichter, Sie auch morgen herumzuschubsen. Nach einiger Zeit sind Sie dann nur noch eine Metallkugel in einem Flipperautomaten, die von allen herumgeschleudert wird. Indem Sie aber kommunizieren, Ihren Standpunkt mitteilen, lassen Sie die

Welt wissen, daß Sie da sind und daß man mit Ihnen rechnen muß. Sie werden lebensfähiger und selbstbewußter. Es erfordert einige Anstrengung, aber wenn Sie wirklich präsent sind und entschieden und affirmativ handeln, dann haben Sie es geschafft. Es ist gar nicht so schwer. Sie sind auf dem richtigen Weg. Ende des Buches. Wir sehen uns ein andermal.

Übung

1. Schreiben Sie fünf Situationen auf, wo Sie etwas »geschluckt« haben. Notieren Sie sich ebenfalls, was Sie statt dessen hätten tun können.

2. Schreiben Sie alle derzeitigen Situationen auf, wo Sie das Gefühl haben, etwas »zu schlucken«. Wenden Sie dann die in diesem Kapitel genannten Techniken an.

Mit anderen gut auskommen

Als ich meine Laufbahn als Regisseur begann, sagte Elia Kazan, der berühmte Theater- und Filmregisseur, zu mir, dieses Geschäft bestehe zu 80 Prozent aus der Fähigkeit, mit anderen Menschen gut auszukommen. Nicht Talent, nicht Genialität, nicht Persönlichkeit, sondern die Fähigkeit, mit Menschen gut auszukommen! Theater, Film und Fernsehen sind immer Produkte einer Arbeit im Team. Menschen, die zusammen arbeiten und miteinander auskommen, sind der Motor, der alle Berufe antreibt.

Mit Menschen gut auszukommen bedeutet nicht, daß man sich so verhalten muß, als strebe man ein politisches Amt an und müsse deshalb bei allen beliebt sein. Man muß lediglich ehrlich, direkt und zur Konfrontation bereit sein (aber bitte mit Humor). Wenn dies nötig ist, muss man den Kampf ausfechten. Wenn Sie im Bemühen, mit den anderen auszukommen, Ihre Meinung und Ihre Bedürfnisse für sich behalten, wird die Sache niemals richtig funktionieren. So ist es nicht gemeint. Seien Sie Sie selbst, und bringen Sie sich ein. Genau das werden die anderen an Ihnen schätzen. Wenn ein kleiner Rebell herauskommt, auch gut. Gehen Sie Risiken ein. Lassen Sie Ihre kreativen Impulse nicht im Hafen vor Anker liegen, nur weil Sie Angst haben, nicht klarzukommen. Passen Sie sich nicht an, um Ihre Beliebtheit zu steigern.

Zeigen Sie Ihre Absicht, Probleme zu lösen, verursachen Sie sie nicht. Ihr Ziel ist nicht zu kämpfen, sondern einen positiven Beitrag zu einer Lösung zu leisten. Es geht nicht darum, zu beweisen, daß jemand unrecht hat, und auch nicht darum, daß Sie möglichst gut aussehen. Übernehmen Sie diese positive Haltung in Ihre Kommunikation. Beginnen Sie in einfachen, nicht so bedrohlichen Situationen, Ihren Mitmenschen sachlich-nüchtern und frei von Groll das zu sagen, was Sie meinen und was Sie wollen.

Kämpfen: *Der Versuch, einen Feind durch Schläge oder Waffen zu besiegen, zu unterwerfen, zu zerstören.*

Wen bekämpfen wir? Wer ist unser Feind? Doch nicht unsere Partner? Und doch kämpfen wir ausgerechnet mit ihnen. Jeder will recht haben. Bei jedem Problem kämpfen wir miteinander. Statt uns gegenseitig zu bekämpfen, sollten wir doch das wirkliche Problem bekämpfen. Also lassen Sie mich in Frieden, und ich lasse Sie in Frieden. Und lassen Sie uns beide das wirkliche Problem angehen. Okay? Darauf geben wir uns die Hand.

Denken Sie stets daran, daß – wie bei allen andern Dingen auch – das rechte Maß wichtig ist. In unserem Fall geht es darum, das rechte Maß zwischen Integrität – Sie stehen zu Ihren Überzeugungen – und Offenheit für den Standpunkt des anderen zu finden. Wenn Sie die Tendenz haben, zu streng aufzutreten, versuchen Sie, die Situation aufzuheitern. Bringen Sie Humor ins Spiel. Seien Sie taktvoll. Schauen Sie sich Ihr Gegenüber an. Wie ist seine oder ihre Stimmung? Fühlt er oder sie sich heute schlecht? Wäre es besser, dieses Problem morgen anzugehen?

Als ich einmal mehr Drehtage für einen Film brauchte, ging ich zu meinem Produzenten. Wie ich ihm gegenübersaß, nahm ich eine Veränderung an ihm wahr. Ich überraschte ihn mit der merkwürdigen Frage: »Was ist los mit Ihnen? Sie scheinen über irgend etwas beunruhigt zu sein.

Sind Sie okay?« Er schien verwundert und sagte nach einer Weile: »Ja, meine Söhne bekriegen sich. Sie kommen einfach nicht miteinander klar.« Meine zusätzlichen Drehtage schienen an Bedeutung zu verlieren. Zum ersten Mal führten wir ein wirkliches Gespräch, das, wie ich glaube, für unsere Beziehung nützlich war. Er sagte: »Ich weiß, Sie wollen mehr Drehtage. Es geht nicht. Das Geld reicht einfach nicht.« Das war klar genug. Ich bekam zwar keine zusätzlichen Drehtage, verbesserte aber meine Beziehung zum Produzenten und erhielt eine genauere Vorstellung vom Drehplan, ohne mir falsche Hoffnungen zu machen. Die Tatsache, daß wir zwei weitere Filme zusammen drehten, wurde zweifellos dadurch beeinflußt, daß wir dieses Gespräch geführt hatten.

Kooperation ist das Schlagwort. Manche setzen Kooperation mit Zugeständnissen und Kompromissen gleich. Nein. Kooperieren bedeutet, »gemeinsam mit anderen auf ein gemeinsames Ziel zuzuarbeiten«. Es bedeutet gemeinsame Anstrengung. Man gibt seine Individualität nicht auf, wenn man kooperiert.

Bei manchen Menschen ist das Kämpfen ein Zeichen für ein anderes Problem. Es kann darauf hindeuten, daß sie sich aus einem bestimmten Grund vom Interagieren zurückziehen. Vielleicht haben sie sich verrannt und verschließen sich, anstatt zu kooperieren. Sie kennen nur noch den Kampf. Nötig wäre aber die Zusammenarbeit, ein gemeinsames Geben und Nehmen. Kämpfen Sie gemeinsam gegen einen gemeinsamen Widersacher. Gemeinsam werden Sie gemeinsame Probleme lösen und individuelle Karrieren vorantreiben. Kooperation, frei zum Ausdruck gebracht, ist Liebe.

Übung

1. Finden Sie zwei Menschen, deren Kooperation Sie brauchen, um zu einem Ergebnis zu kommen. Setzen Sie die oben geschilderten Techniken ein, um dieses Ergebnis zu erreichen.

2. Finden Sie zwei Menschen, mit denen Sie einen Konflikt haben. Finden Sie das Problem, das dazu führt, daß sie einander bekämpfen, und gehen Sie dieses Problem an.

3. Finden Sie zwei Situationen, geschäftlich oder persönlich, wo mehr Kooperation erforderlich ist. Verstärken Sie die Kooperation.

Zurückschrecken

Eine der schönsten Frauen der Welt rief mich eines Tages an, um sich zu erkundigen, ob sie bei mir Schauspielunterricht nehmen könne. Ich drehte zu dieser Zeit gerade einen Film, und so trafen wir uns in einem nahe gelegenen Restaurant, einem dieser Fisch-und-Steak-Lokale der Mittelklasse, die alle wie eine Jagdhütte aussehen. Es war Herbst, und sie hatte ein Kostüm von Ralph Lauren an – sie war atemberaubend und noch schöner als auf Fotos. Das Treffen verlief herzlich, angenehm, flirtend, beinahe erotisch. Ich bemühte mich nach Kräften, einen klaren Kopf zu bewahren und mich wie ein professioneller Regisseur und Lehrer zu verhalten, was in diesem Fall wirklich nicht ganz einfach war. Sie wollte unbedingt etwas für ihre Karriere tun, damit man sie als richtige Schauspielerin anerkannte. Ich sagte, und dabei log ich nicht, daß ich in ihrer Arbeit Talent gesehen hätte und daß sie ohne große Probleme sicher noch besser werden könnte. Sich allein auf ihr Talent zu verlassen sei aber wohl allzu unsicher. Wir beschlossen, daß sie in einer meiner Schauspielklassen Unterricht nehmen würde. Sie sollte eine Woche später anfangen und würde im Theater anrufen, um die Einzelheiten zu klären.

Wir umarmten uns auf dem Parkplatz. Sie küßte mich auf die Wange und sagte, sie sei entschlossen, ihre Probleme zu lösen und endlich Schauspielerin zu werden. Ihre herrlich verführerischen Augen blitzten, was ich zu diesem Zeitpunkt als wundervolle Bestärkung empfand. Leider war es nur der Auftakt zu dem, was folgen sollte.

Vier Tage später, drei Tage bevor sie mit dem Schauspielunterricht beginnen sollte, rief sie mich an. Ihre Stimme klang am Telefon noch verführerischer, als ich sie in Erinnerung hatte. Sie fragte, ob ich bei ihr im Hotel vorbeikommen könne. Sie habe ein Problem, das sie nicht am Telefon besprechen wolle. Ihre vielversprechende Stimme konnte ich einfach nicht ignorieren. Wie ein guter Schauspieler, der zu einer Rollenbesprechung geht, malte ich mir für diese Verabredung die aufregendsten Szenarien aus. Ich war pünktlich um drei Uhr in ihrem Hotel und rief sie aus der Empfangshalle an, worauf sie mir mit vielsagender Stimme ihre Zimmernummer gab.

Ihr Hotelzimmer war das kleinste, das ich jemals betreten hatte, und ich habe seither auch kein kleineres gesehen. Ich kam mir vor wie in einem Schlafwagenabteil im Zug. Und hätten Sie das erwartet? (Ich nicht.) Sie trug einen weißen Bikini! Der erste Teil meiner Phantasie war Wirklichkeit geworden. Aber sie war traurig, hatte beinahe Tränen in den Augen. Sie schwieg einige Zeit, also fragte ich, was sie für ein Problem habe. In den folgenden zwei Stunden erzählte sie mir – in Auszügen – ihre Lebensgeschichte. Sie gab mir außerdem zu verstehen, daß sie abreisen müsse und wenn ich nichts dagegen hätte, würde sie gerne ihre Sachen packen, während wir uns unterhielten. Grazil und verführerisch nahm sie in ihrem Bikini vorsichtig eine Kiste vom obersten Regal. »Ich muß nach Afrika«, sagte sie. »Es ist wichtig … die Tiere und alles.«

»Müssen Sie unbedingt jetzt hin?« fragte ich.

»Ja, es geht um bedrohte Tierarten. Ein wirkliches Problem.«

»Wann fliegen Sie?«

»In drei Stunden.«

»Und wie lange bleiben Sie dort?«

»Das weiß ich nicht«, antwortete sie.

»Länger als drei Monate?«

»Vielleicht.« Sie kniete sich hin und zog einen Koffer unter einem Tisch hervor. Sie blickte zu mir auf und sagte: »Ich möchte das wirklich machen mit meiner Schauspielerei. Und ich werde es auch tun.«

Diese Mischung aus Geschichten über ihr Leben, Geschichten über Afrika, Geschichten über Vorsätze dauerte zwei Stunden, alles im Bikini. Schließlich sagte ich: »Ich muß gehen.«

»Ich hatte gehofft, Sie würden mich zum Flughafen bringen«, sagte sie.

»Das würde ich liebend gerne tun. Aber ich kann nicht«, sagte ich.

Sie nahm meine Hand zwischen ihre Hände. »Ich werde die Schauspielsache eines Tages machen.«

»Jetzt ist der Tag«, sagte ich. »Ich bin davon überzeugt, daß Sie das niemals machen werden, wenn Sie nicht jetzt damit beginnen. Afrika wird sich nicht in Luft auflösen. Genauso wenig wie Ihre Schauspielprobleme. Sie sind darauf erpicht, sie zu lösen? Lösen Sie sie jetzt.«

»Ich kann nicht«, sagte sie. »Ich muß weg.«

»Sie rennen davon. Sie entziehen sich. Tun Sie das nicht.«

Sie beugte sich ganz nah zu mir und flüsterte: »Ich muß.«

Durch diese Nähe in äußerste Versuchung geraten, sagte ich hastig: »Ich muß gehen. Und ich glaube nicht, daß Sie jemals Schauspielunterricht bei mir nehmen werden.« Ich beugte mich zu ihr, gab ihr – wie sie mir auf dem Parkplatz – einen Kuß auf die Wange und war weg. Nachdem ich der verführerischen, intimen Nähe in der Däumlingssuite entkommen war, lief ich den Hotelflur entlang und verfluchte meine halsstarrige Professionalität. Ich erkannte, daß ihr verführerischer Reiz ein Schutzschild war, ein Ausweg, ein Trick, um mich meine Verpflichtungen vergessen zu lassen. Ich spürte, daß sie sich ihren Verpflichtungen bereits früher auf diese Weise entzogen hatte. Ich wollte nicht mit auf der Liste stehen. Seit dieser Zeit glaube ich, daß sie Afrika und das Flirten als Mittel benutzte, um das zu umgehen und sich dem zu entziehen, was sie tun mußte. Sie schreckte zurück, aber sie bekannte sich niemals dazu. In dem Moment, als sie drauf und dran war, Schauspielunterricht zu nehmen, beschloß sie, etwas anderes zu tun. Statt sich ihrem Unterricht, ihrem Talent, ihrer Karriere zu stellen, schreckte sie zurück. Sie zog sich zurück. Sie ging nach Afrika.

Zurückschrecken bedeutet: sich drücken, kneifen. Sich zurückziehen. Den Mut verlieren. Demgegenüber sage ich: Treffen Sie Ihre Entscheidung, und schrecken Sie danach nicht vor den Konsequenzen zurück. Gehen Sie nicht aus den falschen Gründen nach Afrika. Wer zurückschreckt, ist nicht bereit, Verantwortung für sich selber zu übernehmen. Er ist nicht Steuermann, sondern läßt sich treiben. Sie verlieren Ihre Chancen, und ein wesentlicher Teil von Ihnen fällt dem Prozeß zum Opfer.

Das Zurückschrecken beginnt vermutlich mit einer Art Verwirrung, einem merkwürdigen Gefühl, das fragt: »Kann ich das?« Zweifel. Angst. Rückzug. Zurückschrecken. Dann Schuldzuweisung. Und an diesem Punkt liegen Sie bereits am Boden. Wenn Sie also merken, daß Sie Ihren Agenten, Ihren Chef, Ihre Mutter, Ihren Partner für etwas verantwortlich machen, dann wissen Sie, daß etwas nicht stimmt. Aber nicht bei den anderen stimmt etwas nicht, sondern bei Ihnen. Noch einmal Webster's:

Zurückschrecken: Zurückweichen.

Das würde schon genügen: zurückweichen.

Sich zurückziehen. In einem Kampf das Feld räumen. Sich von einer Tätigkeit, einer Pflicht oder einem Unternehmen abwenden.

Unglaublich, nicht wahr? Ich bin ein großer Freund von Zahlen. Ich würde sagen, daß 50 Prozent aller Karriereprobleme durch Zurückschrecken verursacht werden. Wer hat nicht irgendwo einen guten Traum versteckt, den das Zurückschrecken noch nicht verbogen hat? Holen Sie diesen Traum aus dem Versteck. Und dann weichen Sie nicht zurück, sondern machen Sie ihn öffentlich. Viele unerfüllte Träume, gute Träume, liegen irgendwo im Keller, wo sie vermodern. Das ist übrigens auch der Grund dafür, daß Autoren soviel Geld verdienen, wenn sie über Träume schreiben.

Sich aus Mangel an Mut, Ausdauer oder Entschlußkraft zurückziehen. Vor etwas zurückweichen, weil es gefährlich, schmerzlich oder schwierig ist. Unschlüssig sein, abweichen, abgelenkt sein. Sich wegstehlen, davonschleichen.

Und nebenbei gesagt: Zurückschrecken ist keineswegs nur eine stille, passive Angelegenheit. Manche Menschen schrekken mit Wut zurück, manche schrecken mit Kummer zurück. Alle haben sie einen guten Grund dafür. Das Zurückschrecken zeigt sich in den unterschiedlichsten Dramatisierungen, zum Beispiel indem Sie jemanden anschnauzen.

Wenn Sie vor etwas zurückschrecken, sind Sie nicht mehr anwesend. Sie sind nicht mehr da. Wie können Sie etwas bewerkstelligen, wenn Sie nicht da sind? Sie schrecken zurück. Sie sind von Ihrem Weg abgekommen. Zurückschrecken hat mit Flucht zu tun. Sie schrecken zurück, um wegzukommen. Sie schrecken zurück, um Ihrer Pflicht zu entgehen. Sie schrecken zurück, um sich nicht Ihrem Selbst und Ihren Träumen stellen zu müssen.

Von Dämonen wird in der gesamten Geschichte der Menschheit berichtet. Das sind innere Stimmen, die Zweifel einflüstern oder lautstark Ratschläge erteilen, oftmals merkwürdige und destruktive Ratschläge. Es gibt auch Stimmen von außen, sogar von Menschen, die uns lieben. Einige dieser Ratschläge sind konstruktiv, freundlich und hilfreich. Nehmen Sie sie an. Hören Sie nicht auf die entkräftende, destruktive Symphonie, die der Angstmacher, der mißtönende, übereifrige, negative Zweifler an jeder Leistung dirigiert.

Wir alle begegnen diesen Stimmen, inneren und äußeren, hilfreichen und zersetzenden. Jedesmal, wenn ich malen will und den Pinsel in die Hand nehme, höre ich sofort die Stimme eines Verwandten, der ebenfalls Künstler ist: »Du bist dabei, es zu verderben. Laß es jetzt gut sein. So wie es ist, ist es gut. Laß das Grün da weg. Kein Grün mehr. Nein! Nein! Mach das nicht!« Und ich nicke ganz ruhig und bestimmt und mache einfach weiter. Ich schrecke nicht zurück. Ich mache meine Arbeit.

Es ist, wie wenn Sie eine Straße fegen. Kaum haben Sie begonnen, streckt Mrs. Goldberg ihren Kopf aus dem Fenster im ersten Stock. »Was ist denn das, was machen Sie denn da unten? Was tun Sie da eigentlich mit dieser kleinen Bürste? Mit diesem Ding können Sie doch keine Straße kehren. Dieser Besen ist viel zu klein. Dauert ja zwei Jahre, bis Sie fertig sind.« Nicken Sie, und machen Sie weiter. Dann taucht auf der anderen Seite Mrs. Papadopoulos auf. »He, Sie da.« (Es folgt ein Schwall griechischer Verwünschungen.) »Machen Sie, daß Sie wegkommen!« Nicken Sie, und kehren Sie weiter. Aber beeilen Sie sich. Denn wenn Sie sich nicht beeilen und sich auf eine kleine Diskussion einlassen, dann gnade Ihnen Gott. Haben Sie jemals ein Gespräch mit einer solchen Dame geführt? Sie haben keine Chance. Sie gehen unter. Sie verlieren Ihre Hose, Ihre Jacke, Ihre Armbanduhr, Ihre Keuschheit und schließlich Ihren Verstand. Also lassen Sie sich auf keine Diskussion ein. Machen Sie weiter, schrecken Sie nicht zurück.

Diese inneren und äußeren Stimmen können Sie an jedem Punkt Ihres Lebens aufhalten. Wenn Sie mit Ihrem Chef sprechen, wenn Sie den Kunden anrufen, der seine Rechnungen immer zu spät bezahlt, wenn Sie mit Ihrem Vermieter reden, Ihrem Freund, Ihrer Freundin, Ihrer Mutter, Ihrem Vater, Ihrer Geschäftspartnerin oder wem auch immer. Lassen Sie sich nicht von Ihrem Ziel abbringen. Schrecken Sie nicht zurück, kehren Sie einfach.

Noch eine Sache, die ich wichtig und hilfreich finde: Diese inneren oder äußeren Stimmen, diese Leute auf der Straße – sie sind keine Feinde. Wenn sich bei Ihnen das Gefühl einstellt, daß diese Menschen Feinde sind, wird daraus sofort ein Kampf. Ein Kampf, den Sie zu verlieren riskieren. Die anderen sind nicht Ihre Feinde, sondern lediglich fehlgeleitete Seelen, die zu helfen versuchen. Und ich würde diesen Menschen nicht einmal sagen, daß sie fehlgeleitet sind. Ich würde einfach sagen: »Vielen Dank.« Oder noch besser, nicken Sie einfach. Sie können sogar weitermachen, während Sie die negativen Kommentare hören. Sie können Ihre Telefongespräche weiter führen, Sie können weiter malen, Sie können weiter schreiben, Sie können weiter handeln. Und Sie werden hören, wie die Stimmen leiser werden, ohne daß

Sie irgend etwas anderes tun, als einfach weiterzuarbeiten. Auf Ihre Weise, in Ihrem Tempo.

Übung

1. Nennen Sie drei Fälle aus der Vergangenheit, bei denen Sie zurückgeschreckt sind.

2. Wovor schrecken Sie derzeit zurück? Vor welchem Punkt auf Ihrer Liste all dessen, was Sie sich vorgenommen haben? Vor dem Kontakt mit einer Person, die Sie unbedingt kennenlernen wollen, um Ihre Karriere zu fördern? Listen Sie diese Punkte auf, und überlegen Sie, wie Sie sie verwirklichen wollen.

Ultimatenterror

In meiner Schauspielklasse setzte ich eine Schauspielerin unter Druck, indem ich ihr ein Ultimatum stellte. Sie war nicht Berufsschauspielerin und hatte keinen Agenten. Obwohl sich ihre Leistungen durch den Unterricht verbessert hatten, schöpfte sie ihr Potential bei weitem nicht aus. Meines Erachtens hatte sie noch immer das gleiche Problem wie am Anfang des Unterrichts: sie glaubte nicht, eine Schauspielerin zu sein. Ich stellte sie deshalb vor ein Sechs-Wochen-Ultimatum: Beschaffen Sie sich ein bezahltes Engagement als Schauspielerin, oder Sie fliegen aus der Schauspielklasse.

Das Ziel dieser drastischen Maßnahme ist die Beendigung einer Phase der Stagnation, in der Schauspieler ihr Potential nicht ausschöpfen. Sie ist hart und darf nur nach reiflicher Überlegung ergriffen werden. Mit Weitblick und bei der richtigen Person zur richtigen Zeit mit Liebe und Fürsorge angewandt, funktioniert sie. Das Prinzip, das speziell im Bereich der Schauspielerei angewendet wird, läßt sich auf alle Jobs und alle Karrieren übertragen. Ultimaten tragen dazu bei, daß die betreffende Person ein Profi wird. Sagen Sie nicht: »Das kann ich nicht, die nehmen mich nie. Ich habe nicht genügend Erfahrung.« Sagen Sie nicht: »Ich kann nicht an die Spitze des Unternehmens kommen.« Sagen Sie nicht: »Ich kriege diesen Bericht bis zum gesetzten Termin nicht fertig.« Sie kriegen ihn innerhalb der gesetzten Frist irgendwie fertig. Mindestens dann, wenn Sie ein Profi sind.

In meinen Klassen stellte sich heraus, daß Schauspieler und Schauspielerinnen, die den Ultimatenterror durchlaufen haben, etwas erlebten, was der Starthilfe bei einem Automotor entspricht – ein direkter Treibstoffschub unmittelbar in den Zylinder. Ihre Psychologie? Umgangen. Negativismus? Ignoriert. Angst? Keine Zeit dazu. Zweifel? Vergessen. Sie wurden gezwungen, sich zu bewegen, zu handeln, etwas zu verfolgen, Neues zu wagen, sich zu beeilen – all das, weil der Einsatz erhöht wurde. Es gefällt Ihnen in der Schauspielklasse? Beschaffen Sie sich ein Engagement, oder Sie sind draußen. Für immer. Der Aktivitätsgrad in bezug auf ihre Karriere stieg explosionsartig, so daß wir bei denen, die dem Ultimatenterror ausgesetzt waren, eine Erfolgsrate von 75 Prozent verzeichnen können. Es lag ihnen sehr viel an der Schauspielklasse, und sie hielten sie für ein wesentliches Werkzeug für ihren beruflichen Erfolg. Die Angst, etwas zu verlieren, das sie wirklich schätzten, verstärkte die Notwendigkeit zu handeln erheblich. Sie schafften den Durchbruch. Sie bekamen ein Engagement.

Jede und jeder, ganz gleich, in welchem Bereich, kann dieses Prinzip verstehen und anwenden. Es läßt sich in Phasen der Stagnation oder als Standardverfahren einsetzen. Erhöhen Sie den Einsatz. Keine Entschuldigungen. Arbeiten Sie auf das zu, was Sie wollen. Verlangen Sie mehr von sich. Sie sind zu weitaus mehr fähig, als Sie denken. Sie werden erstaunt sein, wie kreativ, tatkräftig und effektiv Sie sein können.

Die größte Hürde im Berufsleben besteht aber stets darin, den Job zu bekommen und ihn dann zu bewältigen. Ganz und gar. Mit Bravour. Ohne Einschränkungen. Man muß ein »Terminator« sein, wie ich es nenne. Terminator im positiven, kreativen Sinn – das, was man begonnen hat, auf ruhmvolle Weise zu Ende zu bringen. Sagen Sie nicht, Sie hätten es versucht. Keiner bezahlt Sie fürs Versuchen. Nur wenn Sie sich selbst bis ins Ziel treiben, ganz gleich, wie hoch die Hürden sind, erwachen all Ihre Fähigkeiten.

Übung

1. Rufen Sie sich drei Ablieferungstermine ins Gedächtnis, die Sie nicht eingehalten haben. Wenn es immer noch sinnvoll ist, diese Arbeiten abzuschließen, tun Sie das jetzt.

2. Entscheiden Sie sich für drei Aufgaben oder Arbeiten, und machen Sie Pläne, um sie in einer festgesetzten Zeit durchzuführen. Notieren Sie sie unten, und haken Sie die einzelnen Punkte ab, wenn Sie sie erledigt haben.

a) ______________________________

b) ______________________________

c) ______________________________

Erfolge feiern

Wenn Sie auf den Spuren Reinhold Messners den Dhaulagiri besteigen wollen und auf 6000 Metern Höhe angekommen sind, feiern Sie diesen Erfolg. Genehmigen Sie sich eine Extraportion heißen Tee und einen Keks. Schauen Sie nicht nach oben auf die 2100 Meter, die noch vor Ihnen liegen. Das entmutigt Sie oder erschreckt Sie sogar. Feiern Sie einfach in aller Ruhe, schlafen Sie sich aus, und setzen Sie dann Ihren Aufstieg fort. Dieses Feiern ist überaus wichtig, nicht nur weil es ermutigt, sondern auch weil es Selbstvertrauen gibt und auf einfache Weise Ihren Fortschritt dokumentiert.

Ihre Karriere ist nicht ein einziger langer Treck. Sie ist eine Serie von kleinen, überlegten Schritten, die durch kleine Feste unterstrichen werden. Später, wenn die Erfolge größer werden, können Sie auch größere Feste feiern. Wenn Sie den Gipfel des Berges erklommen haben, können Sie Ihren Erfolg mit einem echten Tangogelage in Paris begehen. Wir brauchen diese Zeichen, diese Gedenkfeiern unseres Erfolges. Nutzen Sie die Gelegenheiten, Ihre Erfolge auf dem Weg nach oben zu besingen.

Übung

Greifen Sie drei Erfolge heraus, die Sie in den letzten drei Jahren errungen haben. Wenn Sie sie nicht gefeiert haben, holen Sie dies jetzt nach. Überlegen Sie, wie Sie künftige Feiern planen können.

Juwelen

Viele verhalten sich, als seien sie ein Juwel. Perfekt geschliffen. Wenn sie nur ein winziges Detail verändern würden, so meinen sie, sei die ganze Pracht dahin. Dabei vergessen sie: Es gibt kein Wachstum ohne Veränderung, und es gibt keine Karriere ohne Wachstum.

Ich glaube, daß es wichtig ist, etwas aufzugeben. Etwas von sich selbst. Etwas in einem selbst. Etwa die Vorstellung, daß Sie eine bestimmte Art von Mensch sind und Dinge nur auf eine bestimmte Weise – Ihre Weise – tun können und sich unter keinen Umständen ändern werden. Um wachsen zu können, müssen Sie diesen unbeugsamen und starren Stolz aufgeben, der zwar Ihre Würde bewahrt, Sie aber davon abhält, notwendige Dinge zu tun.

Wie wäre es, wenn Sie diese Vorstellung aufgäben und sich verändern würden? Wie wäre es, wenn Sie lebensfähiger, offener, wagemutiger, aufnahmefähiger, effektiver würden? Um eine schwungvolle, sich entwickelnde Karriere zu erleben, müssen Sie flexibel sein. Nur so können Sie mühelos auf jede Chance reagieren und sie sich zunutze machen. Also los, geben Sie etwas auf, einen zähen, klebrigen Teil Ihrer Maske, der Sie zurückhält.

Als ich einmal mit einer Schauspielerin an einem Projekt zu arbeiten begann, erzählte sie mir, daß sie vom Ablauf der Arbeit entmutigt und frustriert sei. Ich sagte: »Sie sind verwöhnt, stimmt's?«

Sie sagte: »Ja. Meine Eltern sind daran schuld.«

Ich antwortete: »Ich weiß, ich weiß. Und Sie haben sich

stets und ständig dagegen gewehrt. Sind Sie bei Männern auch so?«

Sie sagte: »Ja.«

»Und bei Ihrer Schauspielkarriere?«

»Nein ... na ja, doch.«

»Und wie ist es beim Wetter, wenn es nicht so ist, wie Sie wollen?«

»O nein«, sagte sie. Dann nach einer Pause: »Ja, da bin ich auch so.«

»Also hat Sie dieses verwöhnte Etwas in jedem Bereich Ihres Lebens im Griff.«

»Ja.«

»Sie sind sich also gewohnt, immer das zu bekommen, was Sie wollen; und wenn das nicht geschieht, sind Sie unglücklich und frustriert. Sie jammern und beklagen sich, und was das Schlimmste ist, Sie werden dabei zur Märtyrerin. Sogar das Wetter ist gegen Sie. Und weil Sie verwöhnt sind, haben Ihre Träume diesen negativen Beigeschmack: Sie sind unwirkliche, verschwommene, leicht zerbrechliche Utopien. Und Sie jammern ständig: ›Ich will das jetzt und gleich, oder ich werfe es einfach weg.‹ Lassen Sie nicht zu, daß dieser verwöhnte Teil von Ihnen Sie davon abhält, die schwierigen Dinge zu tun. Hier geht es darum, Träume zu verwirklichen, und nicht darum, sie in einem Phantasieland im Sande versickern zu lassen. Nein. Nehmen Sie Träume, die machbar sind, und realisieren Sie sie. Sie gewinnen dadurch an Stärke. Und dann gehen Sie den nächsten an und den nächsten und den nächsten, und so öffnen sich die Wege. Auf diese Weise werden Sie alles bekommen, was Sie wollen, sogar das scheinbar Unmögliche und mehr. Aber Sie, als verwöhnter Mensch, wollen das, was Sie nicht bekommen können, damit Sie sich dann, wenn Sie es nicht kriegen, wieder auf Ihre Bettdecke werfen und über das heulen können, was man Ihnen nicht gegeben hat. ›Keiner versteht mich!‹ Dieses Gejammer ist ermüdend. Nehmen Sie sich Dinge vor, von denen Sie wissen, daß Sie sie erreichen können. Haben Sie verstanden?«

Sie bejahte und begann unverzüglich, einen Brief, den sie lange vor sich hergeschoben hatte, an einen Produzenten zu schreiben, mit dem sie arbeiten wollte.

Um uns weiterzuentwickeln und zu ändern, müssen wir wissen, wie wir unsere Verhaltensmuster durchbrechen können. Die meisten Menschen wissen nicht, daß das, was sie tun, eine Gewohnheit ist. In gewisser Weise bestimmt Gewohnheit, wer man ist und wie man lebt. Das heißt, wer man physisch und emotional ist. Gewohnheiten bestimmen das Leben.

Webster's von 1904:

> ***Gewohnheit:*** Eine Tendenz oder eine Neigung, die durch Sitte oder häufige Wiederholung erworben wurde.

Auch Gewohnheit ist eine Entscheidung – eine, von der Sie oftmals gar nicht wissen, daß Sie sie getroffen haben. Es kann eine Entscheidung für ein bestimmtes Auftreten oder Verhalten sein, oder es kann eine Entscheidung für eine Einstellung sein, vielleicht für einen jener »Charakterzüge«, den Sie für einen Ihrer unantastbaren Juwelen halten.

Ich war neun, als ich zum ersten Mal den Satz hörte: »Erkenne dich selbst.« Damals wußte ich nicht, wie schwierig und umfassend dieses Konzept ist und wie absolut wichtig es für meine Karriere werden sollte. »Erkenne dich selbst« wurde in all den Jahren nicht zu einer Art weltentrückter Suche nach meinem frommen Selbst, sondern zu einem pragmatischen Blick darauf, welche Veränderungen sich positiv auf meine berufliche Laufbahn auswirkten. Mit am schwierigsten war die Erkenntnis, daß man sich ändern kann. Ich glaube, den meisten von uns wäre es lieber, wenn dies nicht möglich wäre. Es wäre eine Erleichterung, sich dem Problem der Veränderung nicht stellen zu müssen. »Menschen ändern sich nicht« ist ein trauriger, oft wiederkehrender Refrain, der da, wo er gesungen wird, alle Möglichkeiten erstickt.

Sich zu ändern ist eines der schwierigsten Vorhaben, die Sie zu bewältigen haben, aber mit Ehrlichkeit und durch harte Arbeit werden Sie erkennen, daß Ihr Charakter keine Konstante darstellt, die Ihnen von Geburt an mitgegeben ist, sondern etwas, das Sie weiterentwickeln können. Zu sagen, diese Art der Persönlichkeitsarbeit sei schwierig, ist eine maßlose Untertreibung, aber Sie können, wenn Sie genug Ausdauer aufbringen, wirkliche Veränderungen erzielen. Nun, ich habe Edelsteinschleifer bei der Arbeit gesehen, und ich weiß, wie schwer es ist, einen rauhen Brocken in einen makellosen Diamanten zu verwandeln; aber verglichen mit dem, was es bedeutet, uns selbst und unsere Gewohnheiten zu ändern, ist dies ein Kinderspiel. Ihr Weg, Ihre Einstellung, die Unterstützung, die Sie sich bei dieser Persönlichkeitserforschung suchen, unterliegen Ihrer persönlichen Entscheidung. Aber Sie müssen erkennen, daß dieser Veränderungsprozeß auf die eine oder andere Weise stattfinden *muß,* denn es ist die wichtigste Reise, die Sie unternehmen, und sie kann unermeßlich viel zu Ihrem Fortschritt beitragen.

Es gibt viele tief verwurzelte und bedeutsame Gewohnheiten; einige von ihnen belegen wir sogar mit dem Wort *Sucht.* Ich habe schon oft gesagt, daß jeder bei irgend etwas Alkoholiker ist; manche Menschen beim Essen, andere bei Drogen, andere bei Beziehungen. Ich beabsichtige nicht, diese komplexen Sachverhalte einfach gleichzusetzen; aber sobald man sich einer Gewohnheit und dem Grad der Abhängigkeit bewußt ist, ist man in der Lage, sie abzustellen. Eine Gewohnheit ist etwas weitgehend Automatisiertes, das einen vom Handeln abhält. Gewohnheitsmäßige Verhaltensweisen unterliegen praktisch keiner Kontrolle, sie unterlaufen einem einfach. Wenn man sich ihrer bewußt wird, durchbricht man den Automatismus und übernimmt selbst die Kontrolle.

Die Bereitschaft und Fähigkeit, Ihre Gewohnheiten zu betrachten, wird Sie zwangsläufig dazu bringen, diese als Ihre Entscheidung zu erkennen. Ihre Gewohnheiten sind bis zu einem gewissen Grad Ihre Entscheidung. Und wenn Sie dies verstanden haben, sind Sie eher in der Lage, sie zu ändern oder aufzugeben. Nikos Kazantzakis, der gefeierte Autor von *Alexis Sorbas,* sagte einmal, wenn man aufhören wolle zu rauchen, müsse man die Zigarette wegwerfen, die man gerade raucht. Und der bemerkenswerte indische Brahmane und Philosoph Krishnamurti sagte, daß Transformation, wahre Veränderung, jetzt, in diesem Augenblick, stattfindet. Ich stimme beiden aus vollem Herzen zu. Für mich ist diese Fähigkeit, sich von einem Moment auf den anderen zu ändern, ein wichtiger Schlüssel zum Erfolg.

Wenn Sie als Geschäftsmann dazu neigen, während der wöchentlichen Mitarbeiterbesprechung vor sich hinzuträumen, dann ist dies eine Gewohnheit, die es zu ändern gilt. Wenn Sie als Schauspieler dazu neigen, schlecht vorbereitet in eine Probe zu gehen, dann ist dies eine Gewohnheit, die es zu ändern gilt. Wenn Sie dazu neigen, einen Rückzieher zu machen, dann ist dies eine Gewohnheit, die Sie ändern müssen. Wenn Sie relativ regelmäßig Apathie, Verdruß, falschen Stolz, Selbstsucht oder eine angespannte Atmosphäre in eine Freundschaft bringen, dann ist dies eine Gewohnheit, die es zu ändern gilt. Wenn Sie wahllos von einer Beziehung in die nächste gehen, niemals die Probleme lösen, die vor Ihnen liegen, sich niemals ganz auf etwas einlassen, dann ist dies mit großer Wahrscheinlichkeit ein Anzeichen für eine schlechte Gewohnheit und bedarf definitiv einer Änderung. Wenn Sie ständig mit Ihrer Arbeit unzufrieden sind, ständig meinen, nicht weitergekommen zu sein, Ihren Arbeitskollegen ständig eine saure Miene und niemals einen Hauch von Enthusiasmus zeigen, dann, um alles in der Welt, ändern Sie diese schreckliche Angewohnheit!

Viele der sogenannten Charakterzüge, an denen wir wie an Eckpfeilern festhalten, sind nichts anderes als schlechte Entscheidungen, die uns davon abhalten, unser wahres Selbst zu offenbaren und zu erreichen, was wir in unserer Karriere wollen. Sich an diese starrsinnige, perfekte Definition des sogenannten »wahren Ichs« zu klammern ist völlig für die Katz'.

So muß ich also leider wiederholen, was ich schon öfters gesagt habe: Veränderung *ist* möglich. Gewohnheiten können durchbrochen, Einstellungen können verändert werden. Trotz der Schwierigkeiten, die wir alle damit haben, unser Konzept aufzugeben, daß wir perfekte Juwelen sind. Es gibt ein besseres Selbst, und es befindet sich gleich um die Ecke.

Übung

Schreiben Sie fünf Gewohnheiten auf, die Sie ändern müssen. Es können geistige, körperliche oder charakterliche Gewohnheiten sein. Ändern Sie sie mit Hilfe der oben angesprochenen Techniken der Bewußtmachung und Kontrolle.

Verbessern Sie Ihr Selbstporträt

Viele Menschen entschuldigen sich ständig dafür, daß sie überhaupt da sind, so als müßten sie um Erlaubnis für ihre Existenz bitten. Sie verstecken sich hinter einem undurchsichtigen, nichtssagenden, anonymen Gesicht. Oder sie geben vor, sich von ihrer besten Seite zu zeigen, so als könne man dadurch Punkte gewinnen. Nun, es wird nicht funktionieren. Wer will schon mit jemandem zusammenarbeiten, der sich ständig entschuldigt?

Wenn Sie immer alles mit einer dicken Schicht zuckersüßer Höflichkeit übergießen, tauchen Sie Ihr Porträt in ein süßliches Bonbonrosa. Wenn Sie voller Feindseligkeit und Vorwürfen stecken, ist der vorwiegende Ton ein dunkles, schäbiges Schwarzgrau. Wenn Sie sich verstecken und Angst haben, Ihre Meinung zu äußern, wird er zu einem schreienden, unangenehmen Gelb, und Sie malen mit einer sehr begrenzten Palette voller Selbstmitleid.

Versuchen Sie also, immer viele verschiedene Farben auf Ihre Palette zu nehmen. Bunte leuchtende Farben oder schöne weiche Pastelltöne – das ist ganz Ihre Entscheidung. Malen Sie einfach so, daß Sie die ganze Palette brauchen.

Vor kurzem telefonierte mein Assistent wegen einer Ausstellung meiner Bilder mit dem Hersteller von Bilderrahmen. Wir brauchten acht Rahmen zwei Wochen früher als ursprünglich vereinbart. Was mein Assistent am Telefon sagte, hörte sich ungefähr so an: »Uh-huh … oh, ja … richtig …, aber, oh … uh-huh … richtig, okay …« Dann legte er auf. Ich fragte: »Und?« Er sagte: »Es geht nicht.« Ich sagte ihm, daß sein Part nicht gerade aufregend gewesen sei. Seine Worte waren langweilig und farblos. Marlon Brando hätte diese Rolle nicht gerne gespielt. Natürlich erreichte mein Assistent nicht, was er wollte.

Ich rief den aus Deutschland eingewanderten Mann nochmals an und fragte: »Wie sagt man ›please‹ auf deutsch?« Er sagte: »Oh, nein, das können Sie nicht von uns erwarten!« Ich sagte: »Please. Ich möchte es bloß wissen. Kommen Sie.« Schließlich sagte er: *»Bitte.«* Ich sagte mit warmem, rosenrotem Charme: *»Bitte. Bitte.* Können Sie nicht wenigstens sechs fertigmachen?« Er meinte, er werde darüber nachdenken. Am nächsten Tag schickte ich eine Schachtel mit Räucherlachs und Bagels hin und schrieb *»Bitte«* darauf. Die Bilderrahmen wurden einen Tag früher geliefert, als wir sie brauchten.

Im täglichen Leben gibt es eine Farbe für jeden Augenblick und jede Stimmung – hart, süß, charmant, wütend, enthusiastisch, erotisch, witzig – und eine unendliche Vielfalt von Zwischentönen und Schattierungen, um mit jeder Situation fertig zu werden, die einen lebendig machen und in Schwung bringen. Wie mein lieber Freund James Leo Herlihy schrieb: »Suche nicht nach einem Lover. Sei einer.« Sei es also Ihre Frau, Ihr Mann, Ihre Mutter, Ihr Chef, Ihre Geschäftspartnerin, Ihr Lover, Ihr Freund oder Ihre Steuerberaterin: Malen Sie. Malen Sie, und geben Sie dem Leben alles, was Sie haben.

Übung

Benennen Sie fünf Bereiche, wo Sie Ihr Porträt verbessern können. Führen Sie speziell die neuen Einstellungen auf, mit denen Sie ab sofort malen wollen.

Auf gute Schritte zurückblicken

Nehmen Sie sich nun ein wenig Zeit, und schreiben Sie auf, wie Sie dahingekommen sind, wo Sie jetzt sind. Seien Sie so präzise wie möglich. Was empfinden Sie als gut von dem, was Sie erreicht haben? Wie haben Sie es erreicht? Gehen Sie schrittweise vor, und vergessen Sie kein Detail. Vielleicht haben Sie angefangen, jeden Morgen einen Protein-Drink zu trinken, als sich die Dinge zu verbessern begannen. Lassen Sie dieses scheinbar unbedeutende Detail nicht aus – es könnte ja die Fahrkarte sein.

Wenn die Dinge gut laufen, halten Sie Ihre Siege fest. Was haben Sie getan, um das Positive zu bewirken? Unternehmen Sie mehr in dieser Richtung. Blicken Sie zurück auf Ihre Erfolge, und analysieren Sie, was Sie getan haben, um dorthin zu kommen. Die Handlungen können sehr unterschiedlich sein. Sie haben angefangen, mehr Telefongespräche zu führen, Sie haben aufgehört, ständig vor dem Fernseher zu sitzen, Sie haben aufgehört, Süßes und Junk-Food zu essen, Sie haben sich einen dringend nötigen Urlaub gegönnt. Bringen Sie alles zu Papier, damit Sie verstehen, welche Maßnahmen bewirkt haben, daß Sie sich gut fühlen und daß Ihnen gute Dinge widerfahren sind.

Übung

1. Schreiben Sie fünf erfolgreiche Maßnahmen auf, die Sie in der Vergangenheit durchgeführt, unterdessen aber aufgegeben haben. Greifen Sie sie wieder auf.

2. Überlegen Sie sich fünf neue gute Schritte. Führen Sie sie durch.

Oberflächlichkeit manchmal nötig, wenn sprechen zu Felsen

In einer meiner Klassen führte ich folgende Diskussion über Prioritäten mit einem Schauspielschüler:

Schüler: Ich frage mich, ob Sie mir bei einem Problem helfen können.

Milton: *(Mit einem übertriebenen chinesischen Charlie-Chan-Akzent.)* Problem? Sehr ungewöhnlich. Schauspieler kommen niemals in Studio mit Problem.

Schüler: Wirklich, es hat mit meinen Eltern zu tun …

Milton: Oh! Schauspieler mit Familienproblem? Noch ungewöhnlicher. Aber noch wichtiger für Sohn Nummer-Eins, was ist mit Karriere? Entwickelt sich nach in Schauspielklasse diskutiertem Prinzip?

Schüler: Ich widme mich in letzter Zeit mehr meiner Fotografie.

Milton: Oh, Fotografie! Ausgezeichneter Beruf. Noch ein Beruf, Sohn Nummer-Eins versucht gleichzeitig zu erlernen?

Schüler: Mein Vater hofft noch immer, daß ich Rechtsanwalt werde …

Milton: Das ist sichere Sache. Ende von Diskussion. Hören auf Vater. Immer gut in chinesischer Tradition. Von Schuld befreien. Vater helfen. Rechtsanwalt werden.

Schüler: Aber ich will Schauspieler werden! Was soll eigentlich dieser Chinesenkram bedeuten?

Milton: Hat keine große Bedeutung. Mache ich, wenn ich darauf warten muß, daß sich Schauspieler entscheiden. Erfordert Geduld. Also auch Schauspieler? Noch komplexer. Fotografie. Rechtsanwalt. Schauspielerei. Noch andere Interessen, die Sie der Klasse mitteilen möchten?

Schüler: Nein ... Na ja, ich arbeite als Kellner, um die Miete bezahlen zu können.

Milton: Verstehe. Kellner kein großartiger Beruf für Sie. Andere Interessen?

Schüler: Nun, ich reite. Ich mache ein bißchen Amateur-Rodeo.

Milton: Also Sie wollen auch Rodeo-Reiter sein?

Schüler: Einen Teil der Zeit.

Milton: Ja. Sehr gut. Teilzeit ist das ganze Leben. Also, Fotografie, Rechtsanwalt, Schauspieler, Kellner aus Not und Teilzeit-Rodeo-Reiter. Lassen sich konzentrieren diese Interessen auf ein Ziel?

Schüler: Das ist mein Problem.

Milton: Sie nicht können sich entscheiden?

Schüler: Es fällt mir stets schwer, Entscheidungen zu treffen.

Milton: Schon ehrenwerter Robert Bly sagen, Entscheidungen treffen ganz wichtig, um Mann, ganzer Mensch, Krieger zu werden.

Schüler: Ich müßte etwas aufgeben, wenn ich mich für nur eine Sache entscheiden würde.

Milton: Notwendig, viele Sachen aufzugeben. Notwendig, Hintern aufzugeben, um richtiges Ziel von Reise zu erreichen. Holpriger Ritt auf Esel oder Kamel. Hintern sehr wund, bis ankommen.

Schüler: Wollen Sie mir sagen, daß ich diese anderen Dinge aufgeben und mich nur auf die Schauspielerei konzentrieren soll?

Milton: O nein! Ist viel besser für jungen und ach-so-schlauen Mann, abzustürzen in allen Richtungen, zu rennen in sechs verschiedene Mauern, sich verteilen über ganze Landschaft.

Schüler: Können Sie mal einen Moment lang ernst sein? Das ist wichtig.

Milton: Oberflächlichkeit manchmal nötig, wenn sprechen zu Felsen.

Schüler: Felsen? Ich bin kein Felsen. Und Sie sind kein Chinese.

Milton: Oh, das nicht stimmen! Ich sehr chinesisch innen drin. Vielleicht jeder ist. China älteste und weiseste Kultur von allen. Nun zurück zum Felsen. Sie müssen sich irgendwie entscheiden. Welcher Beruf? Konzentrieren Sie sich darauf. Klären Sie die Situation.

Schüler: In Ordnung. Schon gut. Ich will Schauspieler werden, glaube ich.

Milton: Oh, Schauspieler! Ich dachte, Rodeo-Reiter. Vielleicht sollte Entscheidung auf schönste Frauen beruhen. Viele schöne Frauen beim Rodeo. Ja? Rodeo-Reiter sehr attraktiv. Ja? Vor allem, wenn ohne Sattel. Aber Moment. Kim Basinger, Julia Roberts, Michelle Pfeiffer nicht beim Rodeo. Also, wenn nachdenken, vielleicht bessere Idee, Schauspieler werden.

Schüler: Muß man jede Entscheidung darauf reduzieren, ob sie etwas mit Sex zu tun hat oder nicht?

(Es folgt eine Pause, als Milton geziert grinst.)

Milton: Konfuzius sagt: »Nicht nötig, Antwort auf offensichtliche Frage zu geben.«

Schüler: Wie komme ich zu einer Entscheidung? Wie treffe ich eine Wahl?

Milton: Schreiben Sie alle Berufe auf. Schaffen Sie Verbindungen. Verbindungen zu dem, was Sie wollen. Suchen Sie den idealen Beruf für die ideale Schlußfolgerung. Finden Sie den, der am attraktivsten ist. Den, der Sie am meisten ausfüllt. Ihren Traum. Ihr Ziel. Lassen Sie sich Zeit. Lassen Sie es reifen. Treffen Sie dann, mit gottähnlicher Weisheit, Ihre Entscheidung. Und dann, bitte, arbeiten Sie daran.

Schüler: Wenn ich also eine Entscheidung getroffen habe, dann habe ich mehr Klarheit?

Milton: Nötig, erst Entscheidung finden. Wahl treffen. Auf Papier. Priorität setzen. Dann darauf konzentrieren. Durchführen. Es schaffen. Tausend Dank für Ihre große Geduld. Diese Diskussion hat viele Anhaltspunkte für Ihr mögliches Scheitern geliefert. War bloß ein kleiner chinesischer Witz.

Übung

Schreiben Sie Ihre Interessen und Beschäftigungen auf. Setzen Sie Prioritäten, und widmen Sie jedem Aspekt die angemessene Zeit. Sie wären nicht der erste Mensch, der sein Hobby zu einem wesentlichen Bestandteil seiner Karriere macht.

Schreckensbilder!

»Ich werde scheitern. Ich schaffe es nicht. Ich bin nicht gut genug. Meine Karriere ist vorbei.« Sind wir nicht fasziniert vom Schreckgespenst des Mißerfolges? Ist Versagen nicht faszinierend? Ist es nicht unwiderstehlich? In krankhafter Weise werden wir von unserer grotesken Angst zu versagen in Bann gezogen, beinahe hypnotisiert.

Die andere Seite dieses Zwanges ist die Verleugnung. Manchmal sind die Dinge nicht so, wie wir es wollen, aber wir tun so, als ob sie es wären, und machen weiter, als wäre alles gut. Erinnern Sie sich an diese Horrorfilme – wie die Dorfbewohner immer auf dem Marktplatz tanzen, kurz bevor das Monster erscheint? Sie wissen, daß das Monster in der Nähe ist. Jemand hat es gesehen. Der Wissenschaftler hat sie gewarnt. Aber sie tanzen unbekümmert weiter. Ihr Monster heißt »Versage«, und wenn es näher kommt, bleiben Sie entweder auf Ihrem Weg stehen, fieberhaft besessen und fasziniert von dem Ungeheuer, oder Sie tanzen den ungezwungenen Tanz der Dorfbewohner und tun so, als würde es nicht existieren.

So suchterzeugend das Drama des Scheiterns auch sein kann, Sie müssen ihm seinen Lauf lassen. Lassen Sie das Monster seine Sache machen, und machen Sie Ihre. Stehen Sie nur nicht voller Furcht da, fasziniert von seiner erschreckenden Gestalt. Wenn Sie das tun, kann es Sie zermalmen. Vergessen Sie nicht, es ist Ihr Karrieremonster. Seine Absicht ist es, Sie zu stoppen. Es verströmt seinen bösen Geruch des Zweifels, um Ihre Karriere zu verwüsten. Stehen

Sie nicht einfach da, bis Sie verschlungen werden. Bewegen Sie sich. Sie können das Monster durch kleine, überlegte Maßnahmen überlisten. Einfache Dinge. Das sind die Abschreckungsmittel, die Ihr Monster in einen gutartigen, beinahe niedlichen Godzilla verwandeln. Ordnen Sie Ihren Schreibtisch neu, bezahlen Sie Ihre Rechnungen, beantworten Sie diese Briefe, telefonieren Sie, um Ihre Verabredungen zu treffen, stellen Sie Ihren Haushaltsplan auf. Schreiben Sie die speziellen Probleme auf, die Sie haben, und führen Sie präzisere Pläne durch, um sie zu lösen. Alle diese simplen Maßnahmen sind therapeutischer Natur, aber Sie zähmen das Monster im Inneren, bringen Sie auf die positive Seite Ihrer Karriere und öffnen damit den Weg in Ihre Zukunft.

Übung

Schreiben Sie genau auf, welche Zweifel Sie haben und welche Maßnahmen Sie nun durchführen werden, um diese Ängste zu überwinden.

Im Paradies der schuldlosen Opfer

Nehmen Sie den Scheinwerfer von mir weg! Ich will nicht im Licht stehen. Ich habe nichts getan. Weshalb halten Sie ihn auf mich? Halten Sie ihn auf meinen Chef. Ja, meinen Chef. Es ist seine Schuld. So ist es besser. Lassen Sie ihn auch auf meine Mutter leuchten. O ja, meine Mutter. Sie hat einen Teil der Schuld. Der Himmel weiß es, einen großen Teil. Ah, noch besser. Sie verdient es, in diesem Licht zu stehen. Und meine Frau. O ja, meine Frau. Sie macht mich immer nieder. Halten Sie den Scheinwerfer auf sie. Das ist gut! Okay! So ist es viel besser. Und da wir gerade dabei sind, halten Sie diesen Scheinwerfer auch auf meine Kinder. Die machen immer alles falsch. Lenken mich ab. Besser so. Viel besser.

Oh, und noch etwas ... Ich glaube, ich habe Ihnen noch nicht von den schrecklichen Dingen erzählt, die mir widerfahren sind. Wenn doch, will ich es Ihnen noch einmal erzählen. Als Kind, da wurde ich mißbraucht und geschlagen. Als Teenager wurde ich aus der Mannschaft geworfen. Im College hat man mich durchfallen lassen. Und nun, wo ich erwachsen bin, ist meine Ehe in die Brüche gegangen. Schmerz. Leid. Trauer. Andere haben mir das angetan. Ohne wirklichen Grund haben sie mich angegriffen, gegen mich gearbeitet. Ja SIE haben es mir angetan. Gut! Jetzt kann ich mein Leben weiterführen – mit Tragik befrachtet, wie es ist – und weiß, daß das, was mir andere angetan haben, mich zu dem gemacht hat, was ich bin. Amen.

Damit Ihre Karriere ihren Höhepunkt in der Verwirklichung Ihrer Träume findet, müssen Sie sich der Tatsache stellen, daß

Sie und nur Sie für Ihr Leben verantwortlich sind. Kein anderer kann bewirken, daß Sie scheitern, versagen oder die Wünsche der andern befolgen. Es ist Ihr Drehbuch, Ihr Film. Wenn Sie andere verantwortlich machen, lassen Sie zu, daß andere Ihre besten Zeilen umschreiben, ganze Szenen in Ihrem Meisterwerk verändern. Nachdem ich dreißig Jahre lang Menschen geholfen habe, sich mit ihrer Karriere auseinanderzusetzen, kann ich mit Bestimmtheit sagen, daß nichts dem Weiterkommen so schädlich ist wie die Opfermentalität. Schuldzuweisung schafft Opfer.

Menschen zerstören sich selbst. Das müssen Sie mir glauben. Sonst laufen Sie herum und machen alle möglichen Dinge verantwortlich: Ihre Eltern, die Firma, das Wetter, Ihre Beziehungen, Ihre Eltern, Ihr Horoskop, Ihre Eltern, Ihre Kindheit, Ihr Erwachsensein, Ihre Eltern, das Staatsdefizit, die Regierung, Inflation, die jüngere Genration, Bush, Clinton, Reagan, Lincoln, Washington und, o ja, Ihre Eltern. Unsinn. Sie sind verantwortlich. Es liegt in Ihrer Hand.

Niemand kann Ihnen etwas antun, es sei denn, Sie lassen es zu. Es geschieht nur mit Ihrer Zustimmung. Man braucht immer zwei zum Tango. Die Haltung »die anderen haben mir das angetan!« führt Sie – mit gepackten Koffern, abgestempeltem Paß und der Fahrkarte in der Hand – direkt ins Paradies der schuldlosen Opfer, wo alle auf einer Wolke der Glückseligkeit rumsitzen und anderen die Schuld zuschieben. Wo es so überfüllt ist, daß man den Leuten unverschämte Mieten für Ein-Zimmer-Apartments ohne Ausblick abverlangt.

Andere verantwortlich zu machen ist verführerisch. Wenn Sie Schauspieler sind und ein Agent Sie nicht haben will, dann haben Sie, sehr subtil und natürlich durchaus zu Recht, das Gefühl, daß er Sie ruiniert hat. O ja, der Agent war es.

Klingt gut. Ist ein gutes Gefühl. Wenn Sie dieses gute Gefühl haben, können Sie sicher sein, daß die verführerische Schuldzuweisung Sie fest im Griff hat.

In Wahrheit hatten Sie das letzte Mal, als Sie Ihren Agenten trafen, einen Streit mit ihm. Danach haben Sie es unterlassen, diesen Streit beizulegen. Aber das kommt Ihnen nicht in den Sinn. Mehr noch, Sie vergessen sogar, daß Sie auf die beiden letzten Anrufe Ihres Agenten überhaupt nicht reagiert haben. Auch daran denken Sie nicht. Indem Sie diese Episoden unter dem Einfluß der Schuldzuweisung »vergessen«, schreiben Sie Ihre Geschichte um. Diese Auslassungen kommen einer Lüge gleich. Sie können sie nicht sehen oder sich an sie erinnern, weil Sie es nicht wagen, Ihrer eigenen Musik gegenüberzutreten.

Wir wollen um jeden Preis, daß der andere im Unrecht ist und wir selbst im Recht. Schuldzuweisung ist der schlechte Versuch, die Schuld am eigenen Versagen zu bestreiten. Sie kann für einen kurzen Augenblick ein gutes Gefühl vermitteln. Doch das verschwindet sehr schnell, und danach fühlt man sich schlechter als zuvor. Wie Schokolade oder Zucker, die man bei Streß ißt, sorgt Schuldzuweisung vorübergehend für Erleichterung, für einen Schub, der bald in ernüchternde Enttäuschung umschlägt.

Vielleicht halten Sie Ihren Fall für eine Ausnahme. Sie glauben, Sie hätten in Ihrem ganz besonderen Szenario einen *wirklichen* Grund, andern die Schuld zu geben. Bei Ihnen herrschten besondere Umstände, die dieses Kapitel gerade nicht abdeckt. »Ich treffe keine Schuldzuweisung, aber …« ist ein cleverer Versuch, der Wahrheit zu entfliehen – nichts anderes. Schuldzuweisung ist eine Selbstrechtfertigung, also schauen Sie genauer hin. Sie haben irgend etwas getan oder versäumt zu tun, was zu Ihrer schwierigen Situation beigetragen hat. Was auch immer die anderen Ihnen Ihrer Meinung nach angetan haben mögen, Sie müssen auf Ihre eigene Rolle blicken, Ihre eigene Verantwortlichkeit – also auf das, was Sie zu der Party beigesteuert haben.

Schuldzuweisung: Andere für etwas verantwortlich machen und anderen dadurch mehr Macht zugestehen als sich selbst.

Indem Sie anderen die Schuld zuweisen, geben Sie die Rechte an Ihrem Leben ab. Andere leiten Ihre Show, und Sie haben nicht die Macht, sie zu stoppen. Wenn Sie mit dem Finger auf jemanden zeigen, dann sagen Sie: »Er ist stärker, und deshalb beherrscht er mich. Ich kann nicht so handeln, wie ich möchte, weil er den Platz beherrscht.« Vielleicht haben Ihre Eltern nie geglaubt, daß aus Ihnen mal ein toller Bursche wird. Wenn Sie sie deswegen für Ihre Unfähigkeit vorwärtszukommen verantwortlich machen, geben Sie ihnen die Macht, über Ihr Leben zu bestimmen. Sie sind klein, Ihre Eltern groß.

Eine andere Form der Schuldzuweisung ist die Selbstanklage oder Selbstbeschuldigung. Selbstanklage hat nichts mit Verantwortlichkeit zu tun. Verantwortlichkeit sucht nicht danach, wer unrecht hat. Bei Schuldzuweisungen aber geht es nur um die Frage, wer unrecht hat. Verantwortlichkeit greift niemanden an. Schuldzuweisung ist ein Angriff auf einen anderen. Verantwortlichkeit ist, wenn man einfach sagt: »Das habe ich zu dem, was passiert ist, beigetragen, und so läßt es sich wieder in Ordnung bringen.«

Wir sind erpicht darauf, Schuldzuweisungen auszusprechen. Lassen Sie es mich klar und deutlich sagen: Wir lieben es, andere für etwas verantwortlich zu machen. Es ist unwiderstehlich. Immer dasselbe Lied. Sie und die Welt singen

Schuldzuweisungen in einem Chor aus fünf Milliarden Stimmen. Die Schuldzuweisung ist eines der häufigsten Gesprächsthemen bei allen menschlichen Beziehungen – persönlichen, geschäftlichen oder politischen. Scheinbar harmlose Klagen werden von den meisten mitfühlend unterstützt. »Oh, Sie Armer! Wie halten Sie das bloß aus?« Und immer weiter im Takt.

Haben Sie Komplizen in diesem Spiel der Schuldzuweisung? Wenn Sie sich darüber beklagen, was Ihnen jemand angetan hat, sind einige Ihrer Freunde dann eifrig bemüht, Ihnen zuzustimmen? Diese Freunde sind keine wirklichen Freunde. Ein wirklicher Freund würde sagen: »Hör auf mit diesem Mist. Hör auf, anderen die Schuld zu geben und dich darüber zu beklagen, was sie dir angetan haben. Was hast du gemacht? Was kannst du tun, um es wieder in Ordnung zu bringen?« Das ist es, was ein ehrlicher Freund für Sie tut.

Sich beklagen: *Bekümmert sein. Murren. Etwas auszusetzen haben. Herumnörgeln.*

Herumnörgeln. Kommt Ihnen das bekannt vor? Es ist klar, daß Klagen, Meckern, Nörgeln und Murren nur weitere Masken für verführerische, subtile, heimtückische Schuldzuweisungen sind. Eine solche mürrische Unzufriedenheit ist entweder auf dem besten Weg ins Paradies der schuldlosen Opfer, oder sie ist bereits dort angelangt. Dieses Murren ist der Treibstoff für die Reise und die Energie für den angenehmen Schein der Lampe neben Ihrem Bett, wenn Sie dort angekommen sind.

Wenn Sie auf Schuldzuweisungen verzichten, kommt Ihnen vielleicht die Idee, Ihren Chef aufzusuchen, mit ihm über Ihre Arbeit zu sprechen und um eine längst fällige

Gehaltserhöhung zu bitten. Er ist damit einverstanden, und Sie sind mit ihm zufriedener als zuvor und haben erst noch ein besseres Gehalt für Ihre Familie. Wenn Sie aber Ihrem Chef die Schuld für irgend etwas geben, kommt es Ihnen nicht einmal von ferne in den Sinn, zu ihm zu gehen. Sie sprechen nicht einmal mit ihm und werden noch wütender, weil er ein Tyrann ist, der verhindert, daß Sie vorwärtskommen. Sie schleichen in die Cafeteria und tischen Ihren Gesinnungsgenossen den Schmutz auf.

Lassen Sie es mich unverblümt sagen: Schuldzuweisung ist mies. Sie entmachtet Sie. Sie schürt Konflikte. Sie nährt Ihr Versagensmonster und rechtfertigt Ihre »Unfähigkeit«, Maßnahmen zu ergreifen, die Sie in Ihrer Karriere vorwärtsbringen würden. Vom Laufen bis zur Erfindung des Rades, vom Pferd zur Kutsche, vom kleinen, billigen Auto bis zum Ferrari haben sich die Mittel der Fortbewegung über all die Jahre verändert, aber das Reiseziel all jener, die es nicht fertigbringen, ihren Traum zu verwirklichen, ist das gleiche geblieben: das Paradies der schuldlosen Opfer.

Übung

Benennen Sie fünf Gelegenheiten, bei denen Sie andere für etwas verantwortlich gemacht haben, und schreiben Sie auf, wie Sie die Schuldzuweisung am Handeln gehindert hat.

Die Heilung von der Schuldzuweisung

Wenn Ihnen jemand Steine in den Weg legt, bedeutet das nicht, daß Sie zu einem Dummkopf, einem Simpel, einem hilflosen Opfer werden müssen. Für einen Dummkopf ist es schwer, seine oder ihre Karriere in Gang zu bringen. Wenn der Rasensprenger des Nachbarn auf Ihr Auto regnet, gehen Sie rüber und reden Sie mit Ihrem Nachbarn. Versetzen Sie den Rasensprenger ein wenig. Warten Sie nicht, bis der Lack, den Sie gerade an einer Stelle Ihres Autos ausgebessert haben, ruiniert ist. Drohen Sie nicht mit einem teuren Anwalt. Sitzen Sie nicht einfach da, und beklagen Sie sich nicht darüber, was für ein Blödmann Ihr Nachbar doch ist, weil er den Rasensprenger auf Ihre Einfahrt gerichtet hat. Seien Sie kein Opfer, das im eigenen Saft schmort. Regeln Sie die Angelegenheit einfach.

Schuldzuweisungen können äußerst edelmütig klingen. So sagen Sie vielleicht zu Ihren Kindern daheim: »Ich arbeite den ganzen Tag, um euch zu geben, was ihr braucht. Ihr aber gebt mir keine Möglichkeit, auch einmal das zu tun, was mir wichtig ist. Immer ist es hier so verdammt laut!« He, Baby, es ist Ihr Haus, regeln Sie die Sache. Geben Sie nicht den Kindern die Schuld. Regeln Sie sie! Nehmen Sie sich einen Raum oder ein Atelier außerhalb des Hauses, und arbeiten Sie dort, was Sie wollen. Überlassen Sie ihre Familie täglich drei Stunden oder länger sich selbst.

Wenn Sie feststellen, daß Sie es leid sind, in Ihren Beziehungen nach einem Streit die Wogen glätten zu müssen – wenn immer und immer wieder Sie diejenige oder derjenige sind, der die Dinge regelt, und Ihnen all das als eine ermüdende Last erscheint –, dann seien Sie sich darüber klar, daß Sie für all Ihren Ärger, Ihr Elend und Ihre Mühe eine Anerkennung erwarten. Immer wenn Sie etwas in Ordnung brachten, empfanden Sie diese Müdigkeit, weil Sie so schwer arbeiteten, um »Gutes zu tun«. Das Ganze wurde zu einer harten Pflicht. Nichts zehrt Sie mehr auf, als »Gutes zu tun«.

In Wirklichkeit machen Sie mit jedem weiteren bißchen Ihrer sogenannten Hilfe den anderen ein Stück mehr für alles verantwortlich. Mit anderen Worten: Sie haben nicht nur angeboten, die Dinge zu regeln, sondern auch Unmut aufgebaut. »Immer dasselbe, immer bin ich derjenige, der die Dinge in Ordnung bringt.« Sie warten nur darauf, lauern geradezu auf ein weiteres Problem, das Sie ermüden wird, um mit einer Lawine von Schuldzuweisungen über den anderen herzufallen. »Warum ich? Weshalb muß immer ich es tun?« Oh, das ist so ermüdend. Kein Wunder, daß Sie keine Lust mehr haben. Wenn Sie beschließen, etwas in Ordnung zu bringen, sollte es ungezwungen, erfreulich, eine angenehme Handlung sein.

Es mag merkwürdig klingen, aber wenn Sie Ihren Nachbarn auf seinen Rasensprenger ansprechen, dann können Sie mit den Worten beginnen: »Wow, das ist einer der kräftigsten Sprenger, die ich je gesehen habe, und Ihr Rasen sieht wirklich großartig aus.« Sie werden feststellen, daß Ihr Nachbar erheblich zugänglicher ist. Erzählen Sie ihm erst dann, wie problematisch es ist, wenn Ihr Auto naß wird. Das anfängliche Lob mag minimal erscheinen, aber es maximiert Ihre Chance, das Problem zu lösen. Das Lob hat Ihre Arbeit erheblich vereinfacht. Versuchen Sie es mal so, vielleicht wird es Ihnen gefallen.

Höre ich da eine Stimme des Protestes? »Moment mal! Ich bin Ihnen bis hierher gefolgt, und es ist verdammt schwer gewesen, das können Sie mir glauben. Aber jetzt wollen Sie mir erzählen, wenn mich irgendein Kerl geschafft hat, dann soll ich ihn im Gegenzug loben? *Ha!* Da sage ich bloß *ha!*« Schwierig, nicht wahr? Ich muß zugeben, es ist beinahe unmöglich. Und die protestierende Stimme ist zuweilen meine eigene. In solchen Fällen ein Lob auszusprechen ist ebenso ungewöhnlich, wie auf einen Schlag ins Gesicht mit den Worten zu reagieren: »Das war ein guter Schlag.« Es geht hier nicht darum, die andere Wange hinzuhalten, sondern um folgendes: Wenn Sie meinen, daß Ihnen jemand etwas angetan hat, schleudern Sie ihm nicht gleich Beleidigungen entgegen, sondern überlegen Sie, was *Sie* getan haben, und denken Sie darüber nach, ob Sie statt dessen etwas Lobendes äußern können.

Suchen Sie nach etwas Positivem, das Sie dem anderen sagen können. Wenn Sie Schauspieler sind und eine Regisseurin Ihnen nicht das gibt, was Sie brauchen, versuchen Sie zuerst, ihr ein Lob auszusprechen für etwas, was Sie getan hat und was Ihnen geholfen hat. Wenn Sie sie nun um das bitten, was Sie brauchen, ist sie weitaus eher in der Stimmung, es Ihnen zu geben. Das Wissen, wie Sie Ihr Anliegen in konstruktiver Weise vorbringen, so daß der andere sich nicht niedergemacht fühlt, ist einer der wichtigen Schritte im Tanz des Lebens.

***Loben:** Anerkennen. Preisen. Verklären. Erstrahlen lassen. Hochschätzen.*

Meiner Erfahrung nach bietet oder akzeptiert die Welt nicht gerade bereitwillig Lob. »Wenn ich ein Lob ausspreche, wird das nicht sofort als Charakterschwäche aufgefaßt? Verliere ich dann nicht meinen Vorteil? Verliere ich die Angriffslust, die ich brauche, um zu gewinnen? Wirke ich verlogen, wenn ich es ausspreche? Verlogen, wenn ich es annehme?« Wir sind mißtrauisch gegenüber Lob, weil wir es für den ersten zaghaften Schritt zur Intimität halten. Lassen wir die anderen zu nah an uns heran?

Jeder Mensch versucht auf seine Weise, ein bedeutendes Leben zu führen, kreativ zu sein, für das Gute zu kämpfen, Kunst zu produzieren, sich geschäftlich oder politisch zu engagieren, zu lieben, geliebt zu werden, zu singen. Er bemüht sich sein ganzes Leben lang, sein Bestes zu geben. Lob ist eine simple Anerkennung für einen Job, den er gut gemacht hat, und eine sanfte Ermutigung, so weiterzumachen.

Ich behaupte nicht, daß dies mitten in einem Konflikt einfach zu bewerkstelligen ist. Und ich schlage auch keine Lösungen vor, die sich nur für jene eignen, die sich in den vergeistigten Sphären eines Heiligen bewegen. Lob ist eine geistige Handlung, für die man auf vielfache Weise belohnt wird, nicht zuletzt auch dadurch, daß man effektiver ist. Aber haben Sie Geduld. Überfordern Sie sich nicht mit diesem Konzept. Versuchen Sie zuerst, lediglich den Unterschied zwischen dem alten und dem neuen Verfahren festzustellen. Ich empfehle praktische und nützliche Verfahren, um nicht mehr von der falschen Gnade der Schuldzuweisung abhängig zu sein, sondern zum Urheber einer Lösung zu werden.

»Es gibt eine magische Formel zur Lösung von Konflikten: Machen Sie die Lösung des Konfliktes zum Ziel und nicht das Erreichen eines Vorteils.«

Peace Pilgrim, amerikanischer Reisender

Ihre funkelnagelneue Entscheidung lautet also folgendermaßen: Das nächste Mal, wenn sich der Dämon der Schuldzuweisung an Sie heranzuschleichen droht, riskieren Sie ein Kompliment anstelle eines Rüffels, ein Wort der Ermutigung anstelle eines Vorwurfs. Sprechen Sie ein Lob aus, statt mit dem Rechtsanwalt zu drohen. Statt zu murren und zu klagen, bieten Sie eine klare, leicht zu akzeptierende, konstruktive Lösung an. Seien Sie nett zu sich selbst und zu anderen. Die freudlose Alternative heißt, daß die alten Verfahren von Schuldzuweisung, Verbitterung, Entfremdung und Gegenbeschuldigung die Szene beherrschen.

Aus vollem Herzen bete ich dafür, daß Sie und ich den Mut haben, diese kühnen Schritte zu unternehmen, damit wir miteinander auskommen und ein aufgeklärteres Leben führen.

Übung

Nehmen Sie fünf Situationen, bei denen Schuldzuweisung eine Rolle spielt, und benutzen Sie die in diesem Kapitel genannten Techniken, einschließlich Lob!, um sie zu lösen.

Selbstwertgefühl: was Ihnen zusteht

Was steht Ihnen zu? Viele stolpern durchs Leben, als würden Sie eine lebenslängliche Haftstrafe verdienen und nicht den Topf mit Gold am Ende des Regenbogens. Andere Menschen sind scheinbar mühelos gestartet – sie haben ihren Traum definiert, ihr Konzept ausgefeilt, eine Startrampe für Aktivitäten geschaffen und sogar energisch ihr Ziel in Angriff genommen –, aber sie sind dennoch gelähmt durch die bohrende Vorstellung, daß sie die Belohnung, die sie anstreben, nicht verdienen.

Ich hatte einmal ein interessantes Gespräch mit einem Freund, der eine wirkliche Schrottkiste von Auto fährt. (Ich scheine umgeben zu sein von Leuten mit schrecklichen Autos.) Er sagt, er könne sein Auto nicht waschen, weil zwei Fenster kaputt sind, und solange er die Fenster nicht in Ordnung bringt, wofür er, wie er behauptet, kein Geld hat, kann er auch die vielen anderen Sachen nicht reparieren. Die Fenster erneuern zu lassen kostet 125 Dollar. Doch das ist nicht das Problem – er könnte 100 Dollar auftreiben, wenn er sie brauchen würde. Ich glaube, das eigentliche Problem ist eine Kollision unterschiedlicher Vorstellungen. Eine Kollision von Visionen. Die eine Vorstellung ist die eines hungerleidenden Künstlers, der mit dieser motorisierten Zumutung durch die mageren Jahre fährt. Die andere Vorstellung ist die eines erfolgreichen Schauspielers in einem flotten Auto.

Als wir weiterredeten, gab er zu, daß er mit seinen Kreditkarten Schulden gemacht hatte und deshalb glaubte, sein Auto sei eine Form von Strafe für die Sünden früherer Verantwortungslosigkeit. Er definierte sich als eine Art Verlierer und demonstrierte durch seine Habe einen niedrigen Lebensstatus. Er wollte es besser haben, unternahm aber nichts, um sein Auto in einen besseren Zustand zu versetzen.

In meinen Augen geht es hier einzig um die Frage des Selbstwertgefühls. Ich behaupte: Würde er sein Auto reparieren, so würde er eine positivere, kreativere Geisteshaltung gewinnen, und er könnte mehr Geld verdienen und seine Schulden schneller abbezahlen. Hat er nicht letztlich sich selbst in die Rolle des leidenden Künstlers gedrängt? Warum hat er das getan? Hatte er nicht das Gefühl, eigentlich würde er mehr verdienen?

Diese Fragen verursachten eine wirkliche Wut auf seine Familie. Ein paar Schuldzuweisungen, ein paar Boshaftigkeiten, sehr emotional vorgetragen: »Ihr wollt mir nicht bei meiner Schauspielerlaufbahn helfen? Kein Problem. Dann werde ich eben verhungern. Diese Schrottkiste fahren. Womöglich habe ich sogar einen Unfall wegen der Bremsen. Wie würde euch das gefallen?«

Schauen Sie sich um, jetzt in diesem Moment. Schauen Sie sich Ihre Habe an. Schauen Sie sich Ihre Wohnung an. Liegt überall Staub herum? Schmutziges Geschirr? Ein Berg schmutziger Wäsche? Ist an all dem eine verständnislose Familie, eine ungerechte Gesellschaft schuld, die Sie nicht als das Genie erkennt, das Sie sind? Oder haben Sie sich zu dieser leidenden, unwerten Person gemacht, die Buße tun muß? Sie verdienen mehr als das. Wenn Sie gewissenhaft sind, hart arbeiten, im wesentlichen frei von Schuldzuweisungen sind und nicht in der Vergangenheit leben oder darin verhaftet sind, dann verdienen Sie nur das Beste. Die beste Karriere. Das beste Auto. Die beste Wohnung. Die beste Garderobe. Wovon Sie auch träumen mögen, Sie verdienen es.

Das zu bekommen, was Sie verdienen, ist nicht immer eine Frage von Geld. Aber es hat immer etwas mit Selbstwertgefühl zu tun. Ich erinnere mich an einen Besuch bei einer Gruppe von Künstlern, die sehr wenig Geld hatten und in einem Haus lebten, das in keinem besonders schönen Viertel lag. Aber es war makellos. Sauber. Die einzelnen Bewohner und Bewohnerinnen hatten ihre Zimmer nach ihrem eigenen Geschmack ausgestaltet, einige mit Weihnachtslichtern, andere mit sorgsam ausgewählten Tüchern aus dem Secondhandladen, so daß das Haus ein Ort der Inspiration und nicht des Grauens war.

Wer seine Wohnung aufräumt und putzt, nachdem er sie hat verkommen lassen, empfindet ein Gefühl von Stolz und bekommt sogar ein besseres allgemeines Lebensgefühl. Wie oft haben Sie schon ein altes Silberutensil oder ein gebrauchtes Möbelstück gekauft und beim Putzen und Polieren festgestellt, daß der Gegenstand immer schöner wird? Dieser Gegenstand spiegelt Ihren Sachverstand, Ihren Charakter wider. Wenn Sie den Gegenstand zum Glänzen bringen, tun Sie das gleiche auch für sich selbst.

Unterwerfen Sie sich aber einer Strafe für Sünden der Vergangenheit, führt dies lediglich dazu, daß Sie diese Haltung überall mit sich herumtragen. Wenn diese Strafe auf einem Gefühl von »Zum Teufel mit euch!« beruht, dann sei Ihnen gesagt, daß Sie nichts anderes tun, als denen, die Sie verwünschen, Macht zu geben – auf Ihre Kosten. Sie Verdienen das Beste. Fordern Sie es für sich ein. Und wenn Sie es für sich einfordern, schauen Sie, wie weit Ihr Einflußbereich reicht, wie viele Möglichkeiten sich bieten.

Übung

1. Putzen Sie Ihre Wohnung. Räumen Sie um. Räumen Sie auf.

2. Benennen Sie fünf Gegenstände, die Sie besitzen und die nicht mehr in Ordnung sind. Schreiben Sie auf, wie Sie deren Zustand durch Reparatur oder, wenn nötig, Erneuerung verbessern können.

Die Lösung ist das Problem

Ein Bekannter von mir hat einen Bruder, etwas über dreißig, einen brillanten Geiger, der niemals der Universität entkommen ist. Mit zweiundzwanzig machte er an der Harvard-Universität seinen Abschluß in chinesischer Geschichte, aber sein eigentliches Ziel war eine Karriere als Geiger. Man bot ihm jedoch im Jahr darauf eine Tutorenstelle in Harvard an, und er nahm sie an. Schließlich war es nur für ein Jahr. Vier Jahre später gab er seine Stelle als Tutor auf, um sich seiner Geigenkarriere zu widmen. Doch im Laufe des Sommers beschloß er zu bleiben, um seinen Doktor in chinesischer Geschichte zu machen, für den ihm nur noch zwei oder drei Jahre fehlten. Vier Jahre später bekam er seinen Doktortitel und sprach nur noch davon, nun endlich als Geiger Karriere machen zu wollen. Er ging für einige Zeit nach China, bereiste das Land und spielte dort auch recht erfolgreich Geige. Er kam zurück. Er ging zurück an die Harvard-Universität und nahm einen Lehrauftrag in – was sonst? – chinesischer Geschichte an. Ich sprach ein einziges Mal mit ihm, und er erzählte mir in ruhigen, beredten Worten, das Problem bei der Verwirklichung seines Traums sei, daß jedesmal, wenn er sie in Angriff nehmen wolle, diese großartigen Möglichkeiten im akademischen Bereich auftauchten.

Ich sagte ihm das, was ich Ihnen gerade sagen will. Daß er sich von diesen akademischen Möglichkeiten völlig in Anspruch nehmen lasse, sei eine Lösung – eine Lösung für das *eigentliche* Problem dieses Mannes, sich seinem Talent für die Musik zu stellen und die Welt daran teilhaben zu lassen. Also überprüfen Sie Ihre Probleme. Wofür sind sie die Lösung? Wovor bewahren sie Sie? Sie haben ein Problem? Sie haben keine Zeit, um sich auf Ihre Anwaltsprüfung vorzubereiten? Welches Problem lösen Sie mit diesem Problem? Ist es eine Lösung dafür, daß Sie sich Ihren Fähigkeiten als Rechtsanwalt nicht stellen müssen? Oder haben Sie keine Zeit, diese Firmenpräsentation vorzubereiten? Vielleicht löst sich dadurch das Problem, vor die großen Tiere treten und sich beweisen zu müssen. Haben Sie ein »Zeitproblem«? Haben Sie ein »Geldproblem«? Haben Sie ein »Beziehungsproblem«? Wovor schützen Sie diese Dinge, die Ihre Aufmerksamkeit auf sich ziehen? Welche tieferen Probleme lösen sie? Sind diese Probleme, wie bei unserem Geiger, letztlich die Lösung des Problems, sein Talent mit dem Risiko eines Mißerfolges auf die Probe stellen zu müssen?

Wenn Sie sich in einer Situation befinden, bei der ein »Problem« zwischen Ihnen und der Verwirklichung Ihres Traumes steht, überprüfen Sie das Problem. Ich fragte meinen Redakteur, ob er ein Problem dieser Art habe, und nach einer Weile antwortete er: »Ich kann nicht so viele Klavierstunden nehmen, wie ich möchte, weil ich es mir nicht leisten kann.«

Ich sagte: »Ah, Geld. Geld ist immer eines der großen Probleme. Was löst dieses Geldproblem für Sie in bezug auf diese Klavierstunden?«

»Es hält mich davon ab, viel zu üben, um mich vorzubereiten.«

»Das ist nicht der Punkt. Sie lieben harte Arbeit«, erwiderte ich. Er dachte einen Moment nach.

»Es verhindert, daß ich herausfinde, wie gut ich bin.«

»Bingo. Sie haben das gleiche Problem wie der Harvard-Geiger. Er wird diese akademischen Stellenangebote, die sich ihm bieten, bis ans Ende seiner Tage finden, damit er sich nicht der Musik stellen muß – im wörtlichen und im übertragenen Sinne. Und Sie, Sie haben dieses Geldproblem, damit Sie es sich ›nicht leisten‹ können, herauszufinden, wie weit Ihr Talent reicht. Sie beide müssen die Zweifel, die Ängste, die tatsächlichen Probleme beseitigen, die Sie daran hindern, sich mit Ihrer Musik der Außenwelt zu stellen.«

Als ich, frisch vom College, nach New York ging, um an meiner Karriere zu arbeiten, hatte ich ein paar sehr gute Jobs als »Laufbursche« für einige wichtige Regisseure. Ein Laufbursche ist ein besserer Lakai – man holt Kaffee und macht zuweilen Notizen für den Regisseur. Die Arbeit mit Elia Kazan, Josh Logan und Sanford Meisner war eine großartige Lehrzeit für mich, aber ich verdiente praktisch nichts. Ich mußte zusätzlich alle möglichen Jobs annehmen, um über die Runden zu kommen, vom Kellner zum Taxifahrer zum Tellerwäscher und mehr. Das Problem war, daß viele der Jobs mir entweder zuviel Energie abverlangten oder zeitlich mit meinen Laufburschen-Jobs kollidierten. Auch brauchte ich Zeit für Anhörproben als Schauspieler und Regisseur. Nachdem ich jede Lösung, die mir einfiel, ausprobiert hatte, kam ich zu dem Punkt, wo ich meinte, mein Problem ließe sich einfach nicht lösen.

Ich war drauf und dran, alles wütend hinzuschmeißen, als mir ein Freund erzählte, daß er für eine Umzugsfirma im Greenwich Village arbeite. Ich erinnere mich noch lebhaft daran, wie ich die Möbelpacker eines kalten Morgens in der Christopher Street getroffen habe. Es war so kalt, daß sie mich um 7.00 Uhr zu einem Drink einluden, damit mir warm wurde. An diesem Morgen machten wir einen Umzug vom Village zum Central Park West. Es war ein Ganztagsjob, aber die Bezahlung und die Trinkgelder waren phantastisch.

Obwohl die Arbeit anstrengend war, gefiel sie mir, und ich stellte fest, daß sie mein Problem ideal löste. Leute ziehen gewöhnlich am Anfang oder am Ende des Monats um. Also arbeitete ich acht Tage im Monat als Möbelpacker, und anschließend hatte ich die restlichen drei Wochen Zeit für meine Karriere. Das Geld reichte für den ganzen Monat, und ich profitierte noch auf andere Weise von dem Job. Ich erfuhr etwas über die Möbel, die persönlichen Gegenstände und Verschrobenheiten der Menschen, und all das hat mir als Regisseur geholfen. Und ich werde niemals die Männer vergessen, mit denen ich zusammenarbeitete – wundervolle, warmherzige Burschen, die mein Leben bereichert haben. So also löste ich mein finanzielles Problem, bis meine Karriere in Schwung kam, und lernte dabei eine Menge über Menschen.

Vom Industriellen bis zum Künstler – den Kern jeder Erfolgsstory bildet ein Mensch, der versucht, seine Probleme zu lösen. Schwierige Probleme. Wirkliche Probleme. Keine sogenannten »persönlichen« Probleme, sondern objektive Probleme, die mit der Arbeit dieser Menschen in Zusammenhang stehen. W. Edwards Deming hatte ein Problem: Wie ließ sich Japan, eine Nation, die damals hauptsächlich Spielzeug produzierte, in den großen Markt eingliedern, der nach dem Zweiten Weltkrieg entstand? Lösung: durch ein neues System von Management, einschließlich neuer Beziehungen zwischen Management, Arbeit und Verbraucher, das Japan in die Industriemacht verwandelte, die es heute ist. Pablo Picasso und George Braque hatten ein Problem: Sie versuchten, die Regeln der Perspektive in der Kunst zu durchbrechen, die der Impressionismus noch aufrechterhalten hatte. Lösung: Kubismus, eine ganz neue Bewegung in der Kunstgeschichte, die das Tor zur Moderne in der Malerei öffnete. Maya Angelou hatte ein Problem: Afro-Amerikaner und die Bedingungen, die zu ihrer Unterdrückung führten, wurden nicht in vollem Umfang verstanden. Lösung: persönliche, leidenschaftliche Poesie, die – ohne Schuldzuweisungen – das Leid und die Freude aufzeigt, ein Afro-Amerikaner zu sein, und die uns allen auf diese Weise ein tieferes Verständnis vermittelt. Frank Lloyd Wright hatte ein Problem: Er erkannte, daß die Architektur Landschaften zugunsten neuer Bauten zerstörte. Lösung: Bauwerke wie Fallingwater, die die Landschaft einbeziehen und den Entwurf der Natur mit dem Entwurf des Menschen verknüpfen. Was einen Industriellen, einen Künstler, einen Dichter, einen Architekten oder einen Menschen auf anderem Gebiet zu einer herausragenden Persönlichkeit macht, ist die Klarheit, mit der er oder sie ein Problem erkennt, und die Fähigkeit und das Engagement, mit denen er oder sie es zu lösen versucht.

Man muß den Gegenstand von Problemen zu unterscheiden lernen – wie Sie sehen, gibt es verschiedene Arten. Handelt es sich um ein persönliches Problem, müssen Sie es erkennen, sich mit ihm befassen und es lösen. Handelt es sich um ein Problem, das Ihre Karriere behindert, stellen Sie sich ihm, und untersuchen Sie es sorgfältig, und Sie werden die Lösung finden. Ist es ein Problem der Welt im allgemeinen, engagieren Sie sich mit allem, was Sie haben, und helfen Sie auf diese Weise der Allgemeinheit.

Es herrscht kein Mangel an Lösungen. Sie müssen sich nicht auf einen Lösungsweg beschränken, auch wenn Sie sich noch so niedergeschlagen fühlen und die Dinge noch so aussichtslos erscheinen. Niedergeschlagen, aussichtslos. Werden Sie heiterer! Seien Sie kreativ. Ruinieren Sie nicht Ihre Seele mit Ihren Problemen. Behandeln Sie Ihre Probleme wie Freunde. Sie sind es. Sie erfordern erfinderische, einfallsreiche Lösungen. Um ein Problem zu lösen, brauchen Sie Mut und Ausdauer. Jede Antwort, jede Lösung gibt Ihnen mehr und mehr Selbstvertrauen. Benutzen Sie Ihre Probleme, lassen Sie sich von ihnen inspirieren, entwirren Sie sie, und bauen Sie mit Hilfe der Herausforderung, die sie darstellen, eine Karriere und ein Leben auf.

Übung

Schreiben Sie all die Probleme auf, die Sie derzeit haben, und ordnen Sie sie den drei in diesem Kapitel genannten Kategorien zu:

1. Probleme, die Sie benutzen, um das zu verhindern, was Sie eigentlich wollen;

2. Praktische Probleme, die Sie lösen müssen, damit Ihr Handeln effektiver wird;

3. Etwas in der Außenwelt, das gelöst werden muß und zu dem Sie sich berufen fühlen.

Denken Sie darüber nach, und halten Sie schriftlich fest, was Sie in bezug auf diese unterschiedlichen Formen von Problemen tun können.

Überfluß herrscht

Hatten Sie schon einmal eine Beziehung, wo Sie dachten, Ihr Partner würde Sie verlassen und das wäre für Sie das Ende der Welt? Sie hatten das Gefühl – gewöhnlich äußert es sich als quälendes, beengendes Unbehagen in der Magengegend –, wenn Sie diesen Menschen verlieren würden, gebe es keine Hoffnung mehr und es bleibe nur noch der Schmerz. Dann tritt ein interessantes Phänomen ein. Genau in dem Moment, wo Sie sagen, »Es ist vorbei«, kommt entweder ihr Partner zurück, oder jemand anderes taucht plötzlich auf. Die Fähigkeit, etwas zu beenden, öffnet die Tür zu einem Neubeginn.

Damit sage ich nicht, daß Sie nicht mit aller Energie daran arbeiten sollten, eine für Sie wertvolle Beziehung zu retten. Sie sollten sich nach Kräften bemühen, die Probleme, die Sie mit einem geliebten Menschen haben, aus der Welt zu schaffen. Aber denken Sie daran, daß Ihre Beziehungen ein Drahtseilakt sind, der Ihre Karriere ständig beeinflußt. Und nun kommt noch ein weiterer, offenbar riskanter Gedanke dazu. Es herrscht kein Mangel in dieser Welt. Kein Mangel an Beziehungen, an Talent, an Jobs, an Geld, an Liebe. Kein Mangel.

Die Vorstellung von Mangel wird durch unsere Angst hervorgerufen, daß wir das, was wir verloren haben, nicht noch einmal finden. Die Möglichkeit, einen Partner, einen Job – oder was es sonst noch sei – zu verlieren, erschreckt uns dermaßen, daß wir in einen emotionalen Zustand der Starre und Härte geraten. Wir sind verletzt. Wir gefrieren zu Eis. Wir geraten in Panik. Der mögliche Verlust wirkt wie eine gewaltige Zurückweisung, und wir fühlen uns unsicher und niedergeschmettert.

Die Angst der Menschen ist eine allgegenwärtige Tyrannei: Sie haben Angst, von ihrem Chef, von ihrer Freundin oder ihrem Freund, von ihrer Familie vor die Tür gesetzt zu werden. Diese Angst macht es ihnen unmöglich, richtig zu funktionieren. Ein großes Geschäft wird verpatzt, es kommt zu kleinlichen Auseinandersetzungen, wichtige Termine werden versäumt, ihre Einstellung geht den Bach hinunter. Die Muskeln verspannen sich, der Appetit nimmt ab, der Magen verkrampft sich, unser inneres Gleichgewicht geht verloren. Selbst das Atmen fällt schwer, und manchmal verläßt uns sogar der Wunsch zu leben.

Und all das einzig und allein aus *Angst,* etwas zu verlieren. Wir klammern uns verzweifelt an das, was wir haben, weil wir glauben, es sei alles, worauf wir Anspruch hätten, und es gebe nichts anderes für uns.

Wie oft haben Sie schon erlebt, daß eine Freundin Beziehungsprobleme hatte, und gedacht: »Gut, endlich wird sie diesen Kerl los. Es wird ihr jetzt viel besser gehen.« Aber sie leidet unter diesem schrecklichen Verlust. Glaubt, ihr Leben sei zu Ende. Oder Sie sind mit einem Ehepaar befreundet, das schwere Zeiten durchlebt. Sie wissen, ein schönes, unbeschwertes und fröhliches Abendessen, ein Spaziergang am Santa Monica Pier oder eine Runde Schlittschuhlaufen auf dem Plaza Rink des Rockefeller Center würden diese übermäßig ernste Beziehung retten. Aber es ist nicht möglich. Die beiden sind so gefangen in ihren Verlustängsten, daß sie keine wirkliche Leichtigkeit, keinen Saft, kein wirkliches Leben in ihre gemeinsame, ausgetrocknete Existenz bringen können.

Sie müssen frei sein, um zu funktionieren, um kreativ zu sein, sei es in Ihrem Job oder in Ihren persönlichen Beziehungen. Teilen Sie sich Ihrem Boß oder Ihrem Partner mit, frei und ungezwungen. Romanzen müssen ihrer Natur nach unbeschwert, fröhlich, überschwenglich sein. Statt dessen sind wir nervös, reizbar, verschlossen. Wir sind nicht in der Lage, das zu tun, was wir tun müßten, um die Situation zu ändern. Die Ironie liegt darin, daß die Angst vor dem Verlust von Nähe uns davon abhält, Nähe zu erlangen. Lernen Sie, das Ganze umzukehren. Seien Sie nicht so reizbar, daß Sie Ihren Gefährten womöglich verlieren, sondern einfallsreich genug, um für den Spaß und die Fröhlichkeit zu sorgen, die eine Beziehung zum Gedeihen braucht.

Pittsburgh. Ende der 1930er Jahre. Angst machte sich breit, weil keiner wußte, wo die nächste Mahlzeit herkommen sollte. Es gab kaum etwas Aufregendes, und das Leben beschränkte sich auf den täglichen Kampf, irgendwie über die Runden zu kommen. Wenig oder nichts Überraschendes passierte, und die Menschen waren ohne große Hoffnung. Inmitten dieses Szenarios verkaufte ein Mann seine Lebensversicherung. Für das Geld kaufte er ein neues Auto, einen Pelzmantel für seine Frau, Boxhandschuhe für seine Söhne und vier große Tüten mit Lebensmitteln für die Familie. Er fuhr die Straße entlang, damit ihn alle Nachbarn sehen konnten. Der Empfang und das anschließende Familienfest waren ohrenbetäubend. Das war mein Vater, und er lehrte mich diese Lektion über Mangel. Ich werde sie niemals vergessen. Danke, George.

Setzen Sie der Angst als Lebensform ein Ende. Angst hält Sie davon ab, die richtigen Wege zu beschreiten. Angst führt dazu, daß Sie Ihre neue Idee nicht äußern, weil sie vielleicht nicht funktionieren wird und Sie Ihren Job verlieren könnten. Angst bringt Sie dazu, sich an destruktive Beziehungen zu klammern, als seien sie Ihr wertvollster Besitz.

Wenn Sie Angst vor dem Verlieren haben, haben Sie bereits verloren. Lassen Sie sich statt dessen von Ihren Möglichkeiten anspornen, und genießen Sie Ihre Macht. Bewahren Sie sich die Wertschätzung Ihrer selbst, die Sie verdienen. Brechen Sie in Ihren Beziehungen nicht zusammen, selbst wenn Sie verlieren. Es werden noch zahllose andere kommen, in denen sich Nähe entwickelt. Verzweifeln Sie nicht in Ihrem Beruf, selbst wenn Sie gefeuert werden. Es gibt andere Jobs, wo man Ihren Wert anerkennen wird. In Wirklichkeit herrscht Überfluß. Abbondanza! Es gibt viele, viele Gelegenheiten, viele Möglichkeiten. Die Vorstellung von Mangel auf diesem Planeten ist eine Lüge.

Übung

1. Listen Sie fünf Dinge auf, von denen Sie Angst haben, sie zu verlieren, und finden Sie heraus, in welcher Weise Sie diese Angst weniger effektiv in bezug auf diese Dinge macht.

2. Kommunizieren Sie mit den Menschen in diesen Situationen, und unternehmen Sie die notwendigen Schritte, um die Bedingungen umzukehren.

Harte Burschen

Milton: Also, was ist los mit Ihnen?

Schauspielerin: Ich kann einfach nicht mehr. Ich habe tagsüber einen Job, ich habe meine beiden Kinder, und Geld ist immer ein Problem. Es macht mich fertig, und ich habe es satt.

Milton: Verstehe.

Schauspielerin: Ich muß meine Schauspielerei an den Nagel hängen.

Milton: Gibt es irgend etwas anderes, was Sie tun könnten? Etwas, worüber wir reden können?

Schauspielerin: *(Weinerlich.)* Reden. Reden. Nein, kann ich nicht mehr.

Milton: *(Humphrey Bogart imitierend.)* Also ist es ein Geheimnis, huh, Schätzchen?

Schauspielerin: *(Weinend.)* Was haben Sie gesagt?

Milton: *(Wieder Bogie.)* Es ist ein Geheimnis, Süße.

Schauspielerin: Das ist die schlechteste Bogie-Imitation, die ich je gehört habe.

Milton: Charlie Chan kann ich viel besser. Würde Ihnen das gefallen?

Schauspielerin: Hören Sie auf.

Milton: Ich höre mit meinem Bogie auf, wenn Sie mit Ihrer Joan-Crawford-Märtyrerin aufhören.

Schauspielerin: Nun, es funktioniert einfach nicht, und ich fühle mich wirklich elend. Wir müssen unser Haus abbezahlen, müssen das Schulgeld für die Kinder bezahlen und all die anderen Sachen.

Milton: Wie wäre es, wenn Sie Ihr Anwesen aufgeben würden?

Schauspielerin: *(Weinerlich.)* Dafür haben wir so hart gearbeitet. Es ist unser Traum.

Milton: Wieder Crawford, Puppe. Vielleicht müssen Sie einen Traum für einen anderen aufgeben. Ziehen Sie aus Beverly Hills weg. Verkaufen Sie das große Haus, und kaufen Sie eine kleinere Wohnung in Hollywood. Sprechen Sie mit Ihrer Familie darüber.

Schauspielerin: Ich kann nicht mit den Kindern darüber reden, sie sind erst acht und elf.

Milton: Sie werden es verstehen. Außerdem, Sie versuchen doch, Ihren Kindern dabei zu helfen, das zu werden, was sie werden können, stimmt's?

Schauspielerin: Natürlich.

Milton: Dann lassen Sie sich von Ihren Kindern dabei helfen, all das zu werden, was Sie werden können. Wie steht's mit Ihrem Mann?

Schauspielerin: *(Wieder weinend.)* Ich nehme an, er findet es okay, daß ich Schauspielerin bin.

Milton: *(Wieder Bogie.)* Sie nehmen an, Süße?

Schauspielerin: Hören Sie auf damit! Ehrlich gesagt, ich weiß es nicht.

Milton: Dann sollten Sie es schleunigst herausfinden.

Schauspielerin: Das ist eine schwierige Sache. Das macht mich fertig.

Milton: Klingt, als sei das das eigentliche Problem.

Schauspielerin: Vermutlich. Ich habe Angst.

Milton: Vor was?

Schauspielerin: Ich habe Angst, daß er nicht für meine Schauspielerei ist. Oder schlimmer, daß es ihm egal ist.

Milton: Finden Sie es heraus. Jetzt.

Schauspielerin: *(Nun Joan Crawford imitierend.)* O nein! Zwingen Sie mich nicht, das zu tun. Bitte, bitte.

Milton: *(Bogie.)* Wenn er Ihnen übel mitspielt, werden ich und einige der Jungs es ihm zeigen.

Schauspielerin: Vermutlich haben Sie recht. Ich muß mit ihm reden.

Milton: Großartig. Dann werden Sie wissen, wo Sie stehen. Noch etwas ...

Schauspielerin: Sie brauchen es mir nicht zu sagen. Ich muß anfangen, meinen Körper zu verkaufen.

Milton: Dicht dran. Sie müssen Ihren Tagesjob aufgeben und eine Arbeit finden, die zwar weniger Geld bringt, Sie aber auch weniger fertigmacht.

Schauspielerin: Unser Geld ist jetzt schon so knapp.

Milton: *(Bogie.)* Jaaa, da weiß ich auch keinen Rat. Arme Joan.

Schauspielerin: Der Teufel soll Sie holen.

Milton: Lösen Sie das Problem.

Schauspielerin: Das kann ich nicht. Ich kann es nicht.

Milton: *(Intonierend.)* Wehe mir!

Schauspielerin: Was? Wer war das?

Milton: Barrymore.

Schauspielerin: O nein.

Milton: Finden Sie eine Lösung. Sie brauchen sich bloß einen anderen Tagesjob zu suchen.

Schauspielerin: In Ordnung. Okay. Ich werde mir einen suchen …

Milton: Gut. Reden Sie mit Ihrem Mann und den Kindern. Erzählen Sie ihnen alles, und vielleicht hat das Ganze noch den positiven Nebeneffekt, daß Sie alle näher zusammenrücken.

Schauspielerin: Okay, okay. Alles ist besser als diese schreckliche Bogie-Nummer von Ihnen.

(Ende der Diskussion)

Wenn Sie verheiratet sind, mit jemandem zusammenleben oder Teil einer Familie sind, sorgen Sie dafür, daß sich alle gegenseitig in ihrer Karriere unterstützen. Gibt es ein gemeinsames Ziel, auf das hin die ganze Familie arbeitet, konzentrieren Sie sich darauf. Lassen Sie sich in jedem Fall nicht darauf ein, einem »gehobenen« Lebensstil nachzujagen und ihn aufrechtzuerhalten. Die Lebensstil-Nummer, die Geld-Nummer, die Eigenheim-mit-Gartenzaun-Nummer: all die materialistischen Spielchen, die Menschen spielen, sind ein solcher Teufelskreis, in dem Sie Ihren Traum innerhalb kürzester Zeit vergessen.

Mein Redakteur erzählte mir die Geschichte, wie er nach seiner ersten Woche in Los Angeles zum Friseur ging und dieser ihm sagte: »Sie sind seit einer Woche hier, ja? Fangen Sie lieber gleich an. Fangen Sie gleich an, das zu tun, was Sie vorhaben.« Er schnitt eine Weile an den Haaren und sagte dann: »Ich weiß noch, wie ich herkam, und jetzt, siebzehn Jahre später, weiß ich nicht mehr, weshalb ich hergekommen bin.« Der Traum ist schwer faßbar, oft ist er wie eine Sternschnuppe, die vom Himmel fällt und erheblich schneller verglüht, als uns lieb ist.

Künstler sind Meister des »Tagesjob-Syndroms«: Sie bestreiten mit diesem Einkommen die Miete, das Essen und andere Grundkosten, während sie an einer völlig anderen, schweren und zeitaufwendigen Karriere arbeiten. Schauspieler sind dafür bekannt, doch jeder, der einen Traum hat, steht vor diesem Jonglierakt, vor allem im heutigen Wirtschaftssumpf.

Passen Sie auf. Lassen Sie nicht zu, daß der Tagesjob Ihre Energie aufzehrt oder dazu dient, die Bedürfnisse für einen aufwendigen Lebensstil zu befriedigen. Der Lebensstil ist ein Killer. Er maskiert sich als die Verwirklichung Ihres Traums. Und wie bei der Schauspielerin in der Diskussion oben erscheint der Lebensstil auch bei Ihnen schon bald wichtiger als der Traum. Äußerlichkeiten, Bequemlichkeiten, gehobener Lebensstil – all das ist nicht der Weg zu einer erfüllten Zukunft. Auch hier gilt: Bleiben Sie bescheiden. Zeigen Sie Durchhaltevermögen. Setzen Sie Ihr Karrierekonzept um. Das ist es.

Übung

1. Notieren Sie, in welcher Weise Ihr Festhalten an einem bestimmten Lebensstil Ihnen die Energie zur Verwirklichung Ihres Traumes raubt. Was können Sie aufgeben?

2. Stellen Sie einen klaren, präzisen, realistischen Finanzplan auf.

3. Stellen Sie sicher, daß Ihre Karriereziele von Ihrem Partner, Ihrer Partnerin oder Familie unterstützt werden. Ist dies nicht der Fall, verändern Sie die Situation.

Auf Abruf

Die berühmte Devise der Unterhaltungsbranche lautet: *»The show must go on!«* Sie dient nicht nur als Berufsethos, sondern ist vielfach auch das Motto, das Leute im Showgeschäft davor bewahrt, an einer Katastrophe übermäßig zu leiden. Es gibt viele bekannte Beispiele, viele, die ich selbst miterlebte, wo Schauspieler unter den qualvollsten persönlichen Umständen glanzvolle Leistungen auf der Bühne gebracht haben. Außerhalb des Kunstbetriebs habe ich Büroangestellte, Fabrikarbeiter, Schneider und Maurer erlebt, die ihrer Arbeit nachgingen, obwohl sie unter Druck standen oder unter dem Wetter litten. Trotzdem machten sie nicht bloß ihren Job, sondern erbrachten einige ihrer besten Leistungen.

Die Welt ist nicht an der seelischen oder körperlichen Verfassung interessiert, in der Sie sich eben befinden. Dies trifft insbesondere auf Feuerwehrleute, Ärzte, Polizisten und Rettungskräfte zu. Der Anruf kommt, und sie müssen ihr Bestes geben. Jeder kann von diesen Berufsgruppen lernen, die »auf Abruf« bereitstehen. Genaugenommen steht jeder auf Abruf bereit – bei der Arbeit und im Leben.

Nehmen wir einmal an, Sie sind Schauspieler, und nachdem Sie sich sechs Jahre lang auf Ihren Beruf vorbereitet haben, bekommen Sie endlich eine wirklich gute Rolle. Sie sind schrecklich aufgeregt. An dem Tag, als Sie Ihre große Szene mit dem Star drehen, ruft Sie Ihr Agent wegen eines Vertragsproblems im Studio an, eines Ihrer Kinder liegt mit Mumps im Bett, und der Auspuff an Ihrem Auto ist kaputtgegangen. Sechs Jahre, und all das muß ausgerechnet heute passieren. Nun, das kann so sein, und meistens ist es auch so. Trotzdem müssen Sie die Szene drehen und sensationell sein.

Ich habe mir einmal beim Basketball den Knöchel gebrochen und kurz darauf beschlossen, meine Tätigkeit als Schauspiellehrer wieder aufzunehmen. Ich erinnere mich noch genau an den ersten Abend, als ich zu den Schauspielern sprach und Szenen mit ihnen probte, während mir vor Schmerzen Tränen in die Augen schossen. Ich machte weiter. Ich fühlte mich großartig, weil ich weitermachte. Und ich hielt bis zum Ende des Unterrichts durch. So wurde er mir zu einer Lehre nicht allein in Professionalität, sondern auch in der Erfahrung persönlicher Stärke, die man gewinnt, wenn man trotz einer Krise arbeitet. Der russische Schriftsteller Leo Tolstoi sagte in etwa: »Not schult den Charakter.«

Die heutige Gesellschaft lädt uns Tag für Tag ein, unseren Rechtfertigungen, unserer »Psychologie« oder sonst welchen Gründen nachzugeben, aus welchen wir unsere Arbeit nicht richtig tun können. Ich halte diesen Trend schlichtweg für unmoralisch. Jeder steht unter Druck. Wir als Individuen müssen mit den endlosen Prüfungen und Widerwärtigkeiten des Lebens in einer Art und Weise fertig werden, die uns nicht von unseren unmittelbaren Zielen oder unseren langfristigen Plänen abbringt. Wir müssen auf Abruf bereit sein, bereit dazu, effektiv zu arbeiten, uns sicher im Straßenverkehr zu bewegen, mit Lust und Liebe zu kochen, wie Tante Luise Gäste zu bewirten – all das wie ein Profi. Seien Sie ein Profi. Ein Profi vergeudet sein Leben nicht und verdirbt sich nicht seine eigene Karriere. Ein Profi stellt seinen Wert unter Beweis. Mitten in einer Scheidung erhielt ich ein Regieangebot für einen Film über eine gescheiterte Ehe. Ich nahm das Angebot an.

Übung

1. Schreiben Sie fünf Situationen auf, in denen Sie »das Angebot« nicht angenommen haben.

2. Notieren Sie in ein oder zwei Absätzen die Wege und Mittel, mit denen Sie in Zukunft auf Abruf bereitstehen wollen.

Mit Taxifahrern üben

In einer renommierten Firma bietet sich eine neue Position, und der Personalchef fragt: »Was haben Sie bisher gemacht?« Der Bewerber murmelt: »Uh ... huh? Na ja, ich ... ich habe ... uh ... na ja, ich ... ich glaube, ich könnte ...« Der Personalchef erstarrt zu Eis ...

Bei Anhörproben werden die Schauspieler von Produzentinnen, Regisseuren und Agentinnen auf die Bühne gestellt. Sie sagen: »Erzählen Sie etwas von sich ...« Die Schauspielerin windet sich. »Ich, uh .... möchte ... möchte wirklich ... diese Rolle ... gerne haben ...« Sie bringt kaum ein Wort heraus. Diese Autoritätsfiguren werden zu den omnipotenten Besitzern des Schlüssels zu Ihrem Leben, dem A und O ihrer Karriere. Messen Sie ihnen deshalb nicht allzu viel Bedeutung zu. Denn diese Art zu denken zwingt Sie in eine erschreckende Sprachlosigkeit.

Mein Kommunikationsvermögen als Regisseur, die Fähigkeit, wichtige und riskante Probleme mit Schauspielern und Produzentinnen zu lösen, habe ich an New Yorker Taxifahrern trainiert. Wenn ich einen Produzenten um mehr Geld für ein Bühnenbild oder Kostüme bat, bestand immer das Risiko, daß er explodierte und ich das Geld nicht bekam. Bei Schauspielern hatte ich Hemmungen, sie zu bitten, eine kreative Idee umzusetzen, die ich für verwegen hielt. Vielleicht würde meine Überzeugungskraft nicht ausreichen; es besteht ja immer die Gefahr, daß sie sich sträuben. Gehemmt von der Angst, mich mit meinen Leuten auseinanderzusetzen, kam ich nicht weiter. Da kam mir die Idee für ein Spiel: Trainiere deine Überredungskünste an den New Yorker Taxifahrern. Heute wäre dies zweifellos etwas schwieriger – die Fülle von Sprachen stellt eine zusätzliche Herausforderung dar.

Wenn Sie zu einem New Yorker Taxifahrer sagen: »Bringen Sie mich in die Fifth Avenue, Nummer 159, und warten Sie auf mich – ich bin in vier oder fünf Minuten zurück«, ernten Sie einen Blick, der sich nicht beschreiben läßt. Taxis warten in New York nicht gerne, denn wenn das Taxi steht, läuft der Taxameter langsamer. Mein Spiel sah nun so aus, daß ich in ein Taxi stieg, dem Fahrer einen Ort nannte, wo er mich hinbringen sollte, seine Stimmungslage erkundete, mich darauf einließ und ihn auf meine Seite zog, so daß er auf meine einfache Bitte hin freundlich auf mich wartete. Das übte ich so lange, bis ich mich bei diesem für beide Seiten profitablen Arrangement wohl fühlte. Ich gab immer ein gutes Trinkgeld.

Das Ganze lief ungefähr folgendermaßen ab: »Hallo, wie geht's? Wie lange fahren Sie schon Taxi? Fünfzehn Jahre! Wow! Also, wissen Sie, ich habe ein großes Problem. Ich weiß nicht, was ich machen soll.«

Der Taxifahrer sagte: »Ja? Was ist Ihr Problem?«

Ich sagte: »Ich habe diesen verdammten '49 De Soto ...«

Er sagte: »Ich habe auch mal einen De Soto gefahren, der war prima. Viele Taxis waren früher De Sotos. Was haben Sie für ein Problem?«

»Also, er ist zweiundzwanzig Jahre alt. Ich habe Ärger mit dem Getriebe.«

»Das hätte ich Ihnen gleich sagen können. Bei diesen blöden Dingern gibt's immer Probleme mit dem Getriebe.«

»Kennen Sie jemanden, der das in Ordnung bringen kann?«

»Aber klar doch. Mein Vetter Bruno, drüben in Brooklyn. Fährt noch immer damit. Er hat selbst einen.«

»Ein Kabriolett?«

»Nein.«

»Ich habe ein Kabriolett.«

»Ehrlich? Sie haben ein Klappverdeck?«

»Ja. Alles original.«

»Wow. Ist ja toll.«

»Hören Sie, ich muß hier in die Nummer 159. Können Sie ein paar Minuten auf mich warten?«

»Klar, kein Problem. Ich schreibe Brunos Telefonnummer auf diese Karte.«

Ich ging hoch, kam wieder runter und fuhr weiter, alles innerhalb von zehn Minuten. Kein Problem. Weshalb war das so einfach? Der De Soto. Wir hatten ein gemeinsames Interesse. Eine gemeinsame Basis. Es gab eine angenehme persönliche Beziehung zwischen uns, die die seltsame Bitte, auf mich zu warten, unwichtig erscheinen ließ.

Es besteht keine Garantie, daß Sie immer erreichen, was Sie wollen, aber nachdem ich diese Vorgehensweise viele Male, speziell bei Taxifahrern, ausprobiert habe, fällt es mir erheblich leichter, den Produzenten um etwas anzugehen, was ich brauche, oder den Schaupieler zu bitten, eine schwierige Szene zu versuchen.

Üben Sie diese Technik im täglichen Leben, wenn ein Problem auftaucht – beim Lebensmittelhändler, beim Automechaniker, beim Friseur. Finden Sie ein gemeinsames Thema, über das Sie sprechen können. Seien Sie freundlich. Bringen Sie dann zur Sprache, was Sie brauchen. Diese Übung, die zu einem selbstverständlichen Teil Ihres Lebens werden sollte, wird Sie zu besseren Ergebnissen führen, wenn Sie versuchen, Dinge in einer schwierigen persönlichen oder beruflichen Situation zu regeln.

Nebenbei bemerkt, wenn Sie einen erstklassigen De-Soto-

Mechaniker brauchen, ich habe noch immer Brunos Telefonnummer in Brooklyn.

Übung

1. Benennen Sie die drei Personen, mit denen Sie die größten Kommunikationsprobleme haben.

2. Schreiben Sie fünf andere auf, an denen Sie Ihre Kommunikationsfähigkeit trainieren können. Üben Sie diese Technik.

3. Überprüfen Sie, ob Ihnen diese Übung bei den drei schwierigen Personen hilft.

Hier gibt's Ärger

Eine überaus talentierte Schauspielerin, mit der ich arbeitete, hatte ein sehr ernstes Problem, das sie davon abhielt, wirklich erfolgreich zu sein: Verbitterung. Sie war unglücklich über das Filmgeschäft und beklagte sich darüber, wie man sie behandelt hatte. Und sie ließ sich auf das ein, was ich »Kantinengeschwätz« zu nennen pflege, also das, was stattfindet, wenn die Schauspieler bei Dreharbeiten mittags in der Kantine sitzen und über den Produzenten, den Regisseur und die Drehbuchautoren herziehen. Dieses »Kantinengeschwätz« geht häufig auch nach den Dreharbeiten weiter. Es beeinflußt Berufsauffassung und Selbstwertgefühl der Schauspielerinnen und Schauspieler, denn wer andere für etwas verantwortlich macht, begibt sich in eine Hamal-Haltung, läßt also zu, daß andere Macht über seine Person haben. Ich dachte mir die folgende Improvisation für ein Karriereseminar aus, an dem noch andere Berufsschauspieler teilnahmen. Sinn und Zweck war es, daß besagte Schauspielerin ihre Gefühle zum Ausdruck brachte und ihre Probleme und Enttäuschungen benannte.

(Beginn der Improvisation)

(Die *Schauspielerin* betritt das Büro ihres *Agenten.*)

Schauspielerin: Ich habe um dieses Treffen gebeten. Seit ich in dieser Stadt bin, bin ich die Legehenne für diese Agentur. Ich habe dieser Firma eine

Menge Geld eingebracht. Ich bin eine ausgezeichnete Schauspielerin. Ich bin am Broadway aufgetreten und auch in Fernsehserien. Vier Jahre in einer bekannten Serie, und nicht ein einziges Mal ist einer von Ihnen gekommen und hat gefragt, wie es mir geht. Ihre Schecks kamen jede Woche, aber von Ihnen hat sich keiner blicken lassen. Ich bin es leid, in die Schublade »Komödienschauspielerin« gesteckt zu werden. Ich habe einen Emmy für eine dramatische Rolle gewonnen. Seitdem habe ich nicht einen einzigen Vorsprechtermin für eine dramatische Rolle gehabt. Haben Sie sich jemals etwas von mir angesehen? Haben Sie sich meinen Film angesehen?

Agent: Sicher. Natürlich habe ich Sie gesehen.

Schauspielerin: Dann sind Sie einer der wenigen aus dieser Agentur, der das getan hat. Ich möchte wissen, weshalb die Hälfte der jungen Besetzungsagenturen in dieser Stadt nicht den leisesten Schimmer von dem hat, was ich schon gemacht habe. Ich wollte eine Rolle, und sie sagten: »Nein, nein. Wir suchen eine Theaterschauspielerin.« Ich habe mindestens zehn große Rollen am Broadway gespielt.

Agent: Meine Liebe, Sie wissen, wie das Geschäft heutzutage läuft.

Schauspielerin: Was soll das heißen?

Agent: So läuft das Geschäft heutzutage eben.

Schauspielerin: Was soll dieser Mist? Was soll das heißen?

Agent: Sie schieben mich in die Rolle des üblichen Agenten. Das bin ich nicht. Ich stehe auf Ihrer Seite.

Schauspielerin: Ich weiß, daß Sie auf meiner Seite stehen. Dafür werden Sie bezahlt.

Agent: Sehen Sie …

Schauspielerin: *(Wird wütend.)* Was tun Sie eigentlich?

Agent: Was ist denn mit Ihnen los? Sie sind immer eine so nette Person gewesen. Nicht einmal in vier Jahren haben Sie mir irgend etwas dieser Art gesagt.

Schauspielerin: Ich bin gerne eine nette Person, aber ich kann auch anders.

Agent: Das ist absoluter Mist, was Sie da sagen.

Schauspielerin: *(Kalt.)* Ich bitte um Entschuldigung.

Agent: Ja. Mist.

Schauspielerin: *(Eis.)* Ich bitte um Entschuldigung.

Agent: Nein, nein. Sie bitten mich nicht um Entschuldigung. Ich höre Sie bloß sagen: »Es gibt noch viele andere Agenten da draußen.« Wenn das Ihre Meinung ist, dann gehen Sie. Gehen Sie!

Schauspielerin: Aha. Wenn die Sache so ist, dann werde ich genau das tun, mein Lieber.

Agent: Wunderbar. Gehen Sie. Nehmen Sie Ihren Pudel, und gehen Sie.

Schauspielerin: Ich habe keinen Pudel. Und bevor ich gehe, will ich mit den Bossen reden.

Agent: Tun Sie das. Ziehen Sie die ganze gottverdammte Agentur in die Sache mit hinein.

Schauspielerin: Okay. Aber das könnte heißen, daß Sie Ihren Job verlieren.

Agent: Und was, wenn es heißt, daß Sie zu dieser Tür hinausgehen und das keinen interessiert?

Schauspielerin: Dann weiß ich, daß ich hier falsch bin. Und das ist alles, was ich wissen muß. Auf Wiedersehen, mein Herr.

Agent: Auf Wiedersehen.

(Ende Der Improvisation)

Milton: Okay. Sehr gut. Nun, Sie beide fühlen sich nicht besonders, oder?

Schauspielerin: Nein.

Milton: Sehen Sie, meiner Meinung nach hat der Agent eine zu billige Lösung gewählt, und Ihr Abgang war ebenfalls zu einfach. Dieses »feuern Sie mich, feuere ich Sie« taugt nichts. Sie haben noch nicht alle wichtigen Punkte angesprochen. Sie lassen sich noch immer von Ihrer Verbitterung leiten. Deshalb können Sie nicht zum wahren Kern dessen kommen, was Sie wollen. Wütend zu werden und aus dem Büro zu stürzen löst nichts. Sie wollten die Bosse ins Spiel bringen, also tun Sie es.

Schauspielerin: *(Zögerlich.)* Okay.

Milton: Also, bringen Sie sie ins Spiel.

Schauspielerin: Die Chefs der Film- und Fernsehabteilung? Die Bosse?

Milton: Ja. Der Agent hat vielleicht recht. Sie haben das vier Jahre lang nicht zur Sprache gebracht. Auch andere Leute verhalten sich so. Sie sitzen auf ihren Sorgen und schweigen. Warten vier Jahre, wie Sie. Stimmt das, waren es vier Jahre?

Schauspielerin: Ja.

Milton: Ich will folgendes sagen: Wenn Sie eine Auseinandersetzung mit jemandem haben, einen wirklichen Streit, dann belassen Sie es nicht dabei. Klären Sie die Sache. Vielleicht bei einer angenehmen Unterhaltung in einem Restaurant. Vielleicht mit einem Brief. Vielleicht mit einem Geschenk. Vergessen Sie nicht, Ihr Agent ist Ihr Mitstreiter, er kann ein Torwächter für Ihre Karriere, Ihr Leben und Ihre Zukunft sein. Und vielleicht sogar ein guter Freund werden. Machen wir weiter.

(Zwei Schauspieler, die den *Filmchef* und den *Fernsehchef* verkörpern, kommen auf die Bühne.)

(Die Improvisation beginnt erneut)

Agent: Sie wollten die Bosse sprechen, hier sind sie. Reden Sie mit ihnen.

Filmchef: *(Schmeichlerisch zu der Schauspielerin.)* Wie wunderschön Sie aussehen.

Schauspielerin: Hören Sie. Lassen Sie diesen Quatsch.

Filmchef: *(Gibt ihr ein Drehbuch.)* Das ist das Drehbuch, das ich Ihnen zum Ansehen geben wollte.

Schauspielerin: Ich sagte, lassen Sie den Quatsch. Versuchen Sie nicht, mir Honig ums Maul zu schmieren. Wir hatten gerade einen riesigen Krach.

Agent: Darüber bin ich sehr betrübt.

Schauspielerin: *(Zum Filmchef.)* Schauen Sie nicht ständig auf die Uhr.

TV-Chef: Lassen Sie sie reden. Lassen Sie sie reden.

Schauspielerin: Ich habe keine Probleme mit dem, was ich mache. Ich habe Probleme mit dem, was ich machen will. Ich habe vier Jahre lang eine Serie gedreht. Ich habe meine Entscheidung getroffen, indem ich zum Fernsehen gegangen bin. Ich habe eine Menge Geld verdient. Das weiß ich sehr zu schätzen. Aber eigentlich geht es mir um etwas anderes, nämlich darum, daß vier Jahre lang keiner aus dieser Agentur auch nur in meine Nähe gekommen ist.

TV-Chef: Das stimmt nicht. Ich habe Ihnen Körbe geschickt.

Schauspielerin: Niemals.

TV-Chef: Also dann ist es die Schuld meiner Sekretärin. Denn ich weiß, daß ich Ihnen jedes Jahr, wenn die Serie wieder anläuft, Körbe schicke. Wundervolle Früchtekörbe.

Filmchef: Bitte. Lassen Sie mich reden. *(Zur Schauspielerin.)* Ich bin so froh, daß wir dieses Gespräch führen. Das ist wunderbar.

Schauspielerin: Verstehe. Diese Agentur hat so viele Klienten, daß Sie das Kolosseum für Ihre Weihnachtsfeier mieten müssen. Natürlich haben Sie jetzt keine Zeit mehr für mich.

TV-Chef: Das stimmt nicht. *(Funkelt den Agenten an.)* Wenn er keine Zeit für seine Klienten hat, dann ist das sein Problem und nicht das der Agentur.

Agent: Dieser Monat ist für mich ziemlich mies gelaufen, sowohl zu Hause wie auch im Büro. Ich streite mich mit Freunden. Ich kann es nicht fassen.

Schauspielerin: Aber vorhin haben Sie mich nicht wie einen Freund behandelt.

Agent: Sie haben recht. Verzeihen Sie.

TV-Chef: So, das wäre geklärt. Ich habe um vier Uhr einen Termin, deshalb muß ich jetzt –

Schauspielerin: O nein, Sie müssen jetzt überhaupt nichts. Ich will von Ihnen allen wissen, was Sie zu tun gedenken, um meine Karriere zu fördern. Okay?

Filmchef: Ja. Ich habe da ein Problem.

Schauspielerin: Und das wäre?

Filmchef: Ich bin Ihnen nie mit Desinteresse begegnet. Und jetzt habe ich auf einmal das Gefühl, daß Sie mich für die ganzen vier Jahre verantwortlich machen. Ich fühle mich schrecklich. Ich bin sehr betrübt.

Schauspielerin: *(Explodiert.)* O nein, so nicht. Versuchen Sie nicht, den Spieß umzudrehen.

Filmchef: Das mache ich nicht. Ich bin sehr betrübt. Ich habe mich Ihnen gegenüber sehr loyal verhalten. Sehr loyal.

Schauspielerin: Ich rede nicht über Loyalität. Ich rede über …

(Alle reden durcheinander. Tumult.)

Filmchef: Verdammt noch mal. Ich hatte vier solcher Gespräche in dieser Woche!

TV-Chef: Ich werde jetzt zu dieser Tür hinausgehen.

Filmchef: Gehen Sie. Gehen Sie alle. Ich kann keine Leute mehr sehen, die mir die Schuld zuschieben. Ich habe ihr abgeraten, diese Serie zu drehen, und ich hatte recht.

Schauspielerin: Das ist nun vorbei. Ich habe keine Möglichkeit, das zu ändern. Ich will bloß wissen, was nun passieren soll. Überzeugen Sie mich davon, daß Sie an mich glauben, daß Sie alles in Ihrer Macht Stehende tun werden, um meine Karriere zu fördern, dann bleibe ich. Aber ich will nicht bloß eine Nummer auf Ihrer Liste sein.

Agent: Also, schlagen Sie etwas vor. Machen Sie ein paar Vorschläge.

Schauspielerin: Da ist dieses Paramount-Projekt über Farmersleute.

Agent: Oh, da sind wir auf ein wenig Widerstand gestoßen.

Schauspielerin: Bei der Besetzungsagentin?

Filmchef: Ein wenig Widerstand.

Schauspielerin: Sie können sie nicht übergehen?

Filmchef: Der Regisseur möchte eine andere Schauspielerin und ist bereit, die Dreharbeiten so lange zu verschieben, bis er sie bekommt.

Schauspielerin: *(Eindringlich.)* Nun, dann sagen Sie mir das! Lassen Sie mich nicht wochenlang anrufen und fragen: »Wie steht's? Bekomme ich die Rolle?«

Agent: Sie schienen so ... zerbrechlich.

Schauspielerin: Zerbrechlich? An mir ist nichts zerbrechlich. *(Einen Augenblick herrscht Stille.)* Ich will keinen Ärger machen. Ich stecke voller Talent, und das will heraus. Ich will die kleinen Komödienrollen nicht mehr spielen. Das habe ich hinter mir. Ich brauche Ihre Hilfe. Ich muß sicher sein können, daß ich ein Team hinter mir habe, das alles tut, um mich weiterzubringen. Das ist alles, was ich will. Ich will die Chance, mich mit anderen zu messen. Ich will keinen Ärger. *(Zum TV-Chef.)* Und Ihre Körbe brauche ich nicht, mein Bester.

(Ende der Improvisation)

Milton: Gut. Haben Sie das Gefühl, sich alles von der Seele geredet zu haben? Fühlen Sie sich besser?

Schauspielerin: Ja.

Milton: Gut. Dann wenden Sie das an, was Sie hier eingeübt haben, und reden Sie mit den richtigen Leuten. Nebenbei bemerkt, Ihr letzter Satz war etwas feindselig. Lassen Sie sie die Körbe schicken. Aber viel bessere.

Diese Improvisation enthält viel von dem, was ich bisher in diesem Buch angesprochen habe: Schuldzuweisungen, Klarkommen, Zurückschrecken, Hamal, Mangel, Gewohnheiten, Entscheidungen, Probleme. Alle diese Punkte sind in dieser Situation, wo so viel auf dem Spiel steht, präsent. Wir alle müssen Experten auf jedem dieser Gebiete werden, um das zu bekommen, was wir wollen.

Eine unserer wirklich schlechten Angewohnheiten ist die, daß wir es anderen erzählen, wenn wir über jemanden verärgert sind. Dadurch bewirken wir lediglich, daß unsere Unzufriedenheit wächst. Wenn Sie ein Problem mit A haben, sprechen Sie nicht mit B darüber. B davon zu erzählen ist eine Form des Zurückschreckens. Erzählen Sie es A – dann haben Sie die Chance, etwas daran zu ändern.

Sitzen Sie Probleme nicht aus. Ihre Familie, ihre Freunde und Kollegen müssen wissen, wie Sie sich fühlen. Je länger Sie sich nicht erklären, um so länger verfolgen Sie das, was Sie nicht wollen, und um so mehr geben Sie vor, alles sei in schönster Ordnung. Sie haben sich ein Kartenhaus aufgebaut. In schwierigen Situationen kann das Haus zusammenstürzen. Das ist insofern in Ordnung, als Sie dann wenigstens wissen, wo Sie stehen. Und nur da, nur an Ihrem wirklichen Platz, sind Sie in der Lage, auf einem soliden Fundament echte Beziehungen aufzubauen, die Ihnen und Ihrer Karriere förderlich sind.

Übung

1. Führen Sie sich zwei Gespräche aus der Vergangenheit vor Augen, geschäftlich und privat, die nicht zu Ihrer Zufriedenheit abgelaufen sind. Notieren Sie, was Sie hätten tun können, damit diese Begegnungen besser abgelaufen wären.

2. Vereinbaren Sie zwei Treffen (ebenfalls geschäftlich und privat) mit Leuten, mit denen Sie eine Situation zu klären haben.

Stoßdämpfer einbauen

Glauben Sie auch, daß Freundschaften Stoßdämpfer brauchen? Puffer? Etwas, das die holprige Straße und die Schlaglöcher abfedert? In einer guten Freundschaft werden Sie heftige Stöße erleben, deshalb sollten Sie Stoßdämpfer einbauen. Das sind Übereinkommen, die wie ein Puffer oder Kissen wirken und es Ihnen ermöglichen, Wutausbrüche zu vermeiden. Wenn es also in Ihren Freundschaften zu holpern beginnt, können Sie die Stöße abfangen und auf Kurs bleiben.

Genau so ist es auch bei einer Karriere. Um eine erfolgreiche Reise zu unternehmen, brauchen Sie leistungsstarke, serienmäßig eingebaute Stoßdämpfer. Wenn es zu einer Auseinandersetzung zwischen Ihnen und Ihrem Partner kommt, versuchen Sie zuerst, den Standpunkt des anderen zu verstehen. Halten Sie den Mund, und hören Sie zu, bevor Sie fordern, daß der Ihre gehört wird: Das ist ein strapazierfähiger Stoßdämpfer. Wenn Sie Distanz zwischen Ihnen und Ihrem Partner wahrnehmen, ein Auseinanderdriften, eine gewisse Kälte, verabreden Sie ein Treffen, ein Mittagessen, ein Gespräch. Oder wenn Sie im Begriff sind, die Beziehung zu beenden, benutzen Sie den Stoßdämpfer eines Rolls-Royce: Prüfen Sie den Sachverhalt genau, und vergewissern Sie sich, daß Sie sich nicht im Paradies der Schuldlosen befinden.

Vor einiger Zeit, nach vielen Jahren der Verbitterung und Rivalität, trafen sich meine zwei Brüder und ich alleine in Denver. Keine Eltern, keine Freunde, keine Ehefrauen, nur wir drei. Kaum zu glauben, aber es war das erste Mal in unserem Leben, daß nur wir drei Männer zusammenkamen. Ich will diesen Punkt nicht überbewerten, aber die Tatsache, daß wir niemals alleine zusammengewesen waren, war eine verblüffende Erkenntnis für uns. Das Treffen war ein Versuch, die Risse zwischen uns zu überbrücken. Der älteste und vielleicht weiseste Bruder ordnete gleich zu Beginn einen Stoßdämpfer an: keine gegenseitigen Beschuldigungen, kein zwanghaftes Wühlen in der Vergangenheit. Das war eine große Hilfe. Wir sind zwar durchaus aufeinander losgegangen und haben uns viele Dinge von der Seele geredet, aber wir haben uns nicht ineinander verbissen.

Wir erkannten unter anderem, daß wir uns vor einer gewissen persönlichen Nähe geschützt hatten, indem wir niemals alleine zusammen waren. Nun genossen wir diesen persönlichen Kontakt in vollen Zügen und konzentrierten uns darauf, bestimmte Absprachen für die Zukunft zu treffen. Wir wollten eine Veränderung. Wir wollten eine andere Beziehung zueinander. Dieses Treffen und unser Miteinander seither ist nicht ohne Schlaglöcher und Stöße gewesen, aber die Fahrt ist weitaus weniger holprig als zuvor, und die Stöße liegen im unteren Bereich der Richterskala. Nun kommen wir miteinander klar. Wir sind Freunde geworden.

Als ich dieses Kapitel schrieb, wurde mir übrigens klar, daß unser Treffen ein wichtiger Stoßdämpfer in unserer Beziehung gewesen war. Hätten wir uns damals nicht getroffen, wären wir Gefahr gelaufen, unsere alten Wege weiter zu beschreiten. Ohne miteinander gesprochen zu haben, hätten wir die Leerräume wieder mit allen möglichen Anschuldigungen und wilden Szenarien ausgefüllt.

Der große Filmemacher Charles Lang erzählte mir, daß sich bei seinen Dreharbeiten in Frankreich die wichtigsten Mitglieder der Crew jeden Morgen per Handschlag begrüßten, ganz gleich, was am Tag zuvor passiert war. Welch ein

Stoßdämpfer! Einer der besten, die ich kenne. Sie wußten, daß es Stöße geben würde, und deshalb bauten sie ein Sicherheitsnetz auf. Als ich mit Charles zusammenarbeitete, hielten wir uns an das Händeschütteln nach französischer Art. Bei einer Gelegenheit mußte ich ihn auffordern, mir die Hand zu geben. Er tat es schließlich, und wir lachten.

Derartige Stoßdämpfer brauchen Sie auch für sich selbst. Manchmal erleiden Sie mehr als einen Stoß, Sie erleiden einen regelrechten Zusammenbruch. Fast jeder Regisseur und Schauspieler, den ich kenne und der etwas taugt, ist mindestens einmal gefeuert worden. Das ist ein Crash. Der Tod eines geliebten Menschen: ein verheerender Crash. In solchen Zeiten, da Selbstzweifel und Schmerz Sie plagen, brauchen Sie unbedingt erstklassige, platinüberzogene, aufprallsichere, zurückschnellende Stoßdämpfer.

Vor einer ganzen Weile wurde ich einmal von einem schweren Crash getroffen. Ich hatte das Gefühl, ein riesiger Fels sei auf mich gefallen. Also griff ich zu einem der einfachsten, aber wirkungsvollsten Stoßdämpfer: wegfahren. Das ist ein guter Stoßdämpfer, vorausgesetzt, Sie laufen nicht bloß davon. In meinem Fall war es ein Entkommen nach Palm Springs, um mich dort zu erholen. Ich bewegte mich, trainierte, schwamm, spielte Basketball, fuhr Fahrrad und machte Spaziergänge in der Sonne, mehrere Wochen lang. Als meine Gesundheit wiederhergestellt war und sich meine Stimmung besserte, ließ ich frühere Erfolge noch einmal Revue passieren und dachte über künftige Projekte nach. Am Ende meines Aufenthalts fühlte ich mich sehr viel besser. Ich fühlte mich in der Lage, mich wieder in den Kampf zu stürzen. In solchen Krisenzeiten müssen Sie versuchen, den Glauben an sich selbst wiederzufinden, den Glauben an Ihr Talent, den Glauben an Ihre Zukunft.

Übung

Notieren Sie drei Ihrer geschäftlichen oder persönlichen Beziehungen, und denken Sie sich Stoßdämpfer für jede dieser Beziehungen aus. Setzen Sie sie ein.

Wieder zu Ihrem Traum kommen

Wenn Ihre Karriere ins Stocken gerät, kann dies daran liegen, daß Sie gänzlich von den Niederlagen und Schwierigkeiten in Anspruch genommen werden, die Ihnen gerade widerfahren. Sie haben versucht, etwas zu tun, immer und immer wieder, und schließlich gaben Sie sich geschlagen. Nehmen wir einmal an, Sie hatten die Absicht, eine Kunstgalerie zu eröffnen. Zuerst konnten Sie keine geeigneten Räumlichkeiten finden, dann stieg jemand aus einem Vertrag aus, dann gab Ihnen die Stadtverwaltung die Baugenehmigung nicht, dann kam das Erdbeben, Ihr Hund starb, und Tante Tildy mußte ausgerechnet von Ihnen gepflegt werden. Die Kleinigkeiten des Lebens sind auf Sie eingestürzt. Das ewige Einerlei der »Mankann-nicht-alles-haben-was-man-will-Welt« hat Sie besiegt.

Vergessen Sie in diesem Moment nicht, daß Ihr Traum im wesentlichen geistiger Natur ist und häufig von den unerbittlichen Machenschaften der realen Welt bekämpft wird. Selbstverständlich müssen Sie sich gegen diese Hindernisse behaupten. Dazu folgender Tip: Formulieren Sie Ihre ursprüngliche Absicht neu. Knüpfen Sie wieder an die Leidenschaft an, die Sie zu Beginn hatten. Wenn Sie kein Karrierekonzept haben, entwerfen Sie eines. Jetzt. Schnell. Wenn Sie früher einmal eines formuliert haben, entdecken Sie Ihre damaligen Wünsche wieder. Manche Menschen behaupten, sie seien zu müde und zu niedergeschlagen für eine solche Rückschau. Tun Sie das nicht. Schauen Sie zurück auf das, was Sie ursprünglich wollten. So bekommen Ihre Träume und Hoffnungen neuen Auftrieb. Graben Sie tief in Ihrem

Herzen, in Ihren Wünschen. Sie hatten eine ursprüngliche Absicht, ein ursprüngliches Konzept. Ziehen Sie sich einfach wieder zu Ihrem Traum hinauf.

Übung

Listen Sie einige Ziele auf, die Sie hatten, aber nicht erreicht haben. Wollen Sie sie noch immer verwirklichen? Was müssen Sie tun, um diese Träume wieder zu entflammen?

Probleme mit andern

Bestimmte Leute nörgeln immer über bestimmte andere Leute. Diese bestimmten Leute haben immer Probleme und Auseinandersetzungen mit bestimmten anderen Leuten. Sie zerstreiten sich mit ihnen. Sie meiden sie. Sie reden nicht mit ihnen. Bestimmte Leute denken immer, daß bestimmte andere Leute schlecht über sie denken. Diese bestimmten Leute hatten einen Streit mit diesen hassenswerten Zeitgenossen, und sie hassen sie für alle Zeit. Und ba-da-bum, ba-da-bum, ba-da-bum – geht das Lied in dieser boshaften Weise weiter.

Kommen Sie heraus aus diesem Trott, der sagt: »Ich hasse jeden, jeder haßt mich.« Fördern Sie Ihre Karriere. Versuchen Sie folgendes. Sie haben Probleme mit anderen Leuten? Andere Leute haben Probleme mit Ihnen? Schreiben Sie diese Probleme auf eine Liste. Wenn Sie Schauspieler sind, dann ist da der Produzent, mit dem Sie nicht klargekommen sind, oder der Regisseur, der einen anderen Schauspieler vorgezogen hat. Wenn Sie nicht Schauspieler sind, machen Sie eine entsprechende Liste. Führen Sie jeden auf, ganz gleich, wie weit die Sache zurückliegt. Gehen Sie die Liste immer wieder durch, bis Sie sicher sind, daß Sie niemanden vergessen haben. Und dann befassen Sie sich mit jedem einzelnen. Räumen Sie die Schwierigkeiten der Vergangenheit aus, indem Sie jedem einen Brief schreiben, einen Besuch abstatten oder sich mit ihnen zum Mittagessen verabreden. Das gilt auch für Familienangehörige und Freunde.

Sprechen Sie bei dem Treffen oder in dem Brief nicht über das Problem, um das es geht. Sagen Sie ihnen nicht, wie recht

Sie doch hatten oder wie recht die anderen hatten. Erzählen Sie ihnen einfach, wie gut es Ihnen geht, wie glücklich Sie sind. Erzählen Sie ihnen etwas Interessantes aus Ihrem Leben – ein neuer Job, ein Baby, das bald auf die Welt kommt, Ihre neue Wohnung. Positive Dinge.

Eine Schauspielerin sagte einmal zu mir: »Ich glaube nicht, daß irgendwer in der Branche glaubt, daß ich eine gute Schauspielerin bin.« Ich sagte: »Wer?« Sie sagte: »Jeder.« Ich sagte: »Wer ist jeder?« Sie schrieb eine Liste und kam nur gerade auf zwölf Leute. Als sie sich diese Gruppe genauer anschaute, stellte Sie fest, daß nur fünf dieser Leute ihr Talent tatsächlich in Frage stellten. Das war ihr »jeder«. Sie setzte sich mit ihnen in Verbindung und löste die Probleme mit ihnen. Ihre Karriere begann.

Ich habe diesen Rat schon viele Male erteilt, und immer hat er in der einen oder anderen Weise zum Erfolg geführt. Stellt sich keine positive Veränderung in Ihrer Karriere, in Ihrem Leben ein, dann haben Sie jemanden auf der Liste vergessen. Erfassen Sie wirklich jeden, und dann beobachten Sie einfach, was alles Gutes passiert. Es ist verdammt wirkungsvoll. Die meisten, die dem Rat folgen, bekommen das magische Ding – Arbeit. Manche fühlen sich einfach nur besser. Manche erleben gewaltige Karriereschübe.

Mitunter bringt der erste Brief, den Sie abschicken, kein Ergebnis. Schreiben Sie dann einen zweiten oder dritten, damit die anderen wissen, daß es Ihnen ernst ist und Sie dem gegenseitigen Negativismus nicht länger anhängen. Aber denken Sie daran: Bringen Sie nicht das Problem zur Sprache. Regeln Sie einfach Dinge. Ich habe Leute erlebt, die so weit gingen, solche Briefe sogar an Tote zu schreiben, um Situationen zu klären, von denen sie immer noch verfolgt wurden. Denn selbst die Toten können uns begraben.

Dieses Schlagloch zwischen Ihnen und den anderen zu überwinden ist sehr einfach. Es macht sogar Spaß, nebenbei bemerkt. Joshua Logan, der bekannte Regisseur, erzählte mir einmal: »In diesem Geschäft darf man niemals Groll hegen.« Dieser Satz traf genau den Punkt – ein einfacher und überaus praktischer Rat für alle Berufszweige und das ganze Leben. Probieren Sie ihn aus.

Übung

1. Listen Sie all die Leute auf, gegen die Sie Groll hegen oder von denen Sie glauben, daß sie etwas gegen Sie haben.

2. Setzen Sie sich, wie oben beschrieben, mit ihnen in Verbindung, und betrachten Sie die Ergebnisse.

Mit Meistern ihres Faches arbeiten

Ob es Ihnen gefällt oder nicht, Sie sind noch in der Lehre. Auch wenn es nicht alle wissen, aber der Brauch der Lehrjahre ist noch nicht ausgestorben. Sie müssen einen Weg finden, bestimmte Leute in Ihre Karriere zu bringen. Ganz gleich, ob Sie Mechaniker, Küchenchef, Schneider, Architekt, Rechtsanwalt oder was auch immer werden wollen, es gibt einen Meister, von dem Sie lernen können und müssen. Ich sage meinen Schülern, daß sie alle irgendwann einmal der Laufbursche jener Produzenten oder Regisseure sein sollten, die sie am meisten schätzen. Ihnen den Kaffee, das Mittagessen holen. Ihnen nahe kommen. Sie bei der Arbeit beobachten. Dieser Rat betrifft nicht nur die jungen Leute. Auch Sie müssen sich vielleicht wachrütteln, müssen neue, aufregende Wege außerhalb der Alltagsroutine Ihres Jobs finden. Unabhängig von der Position, zu der Sie in Ihrem Beruf aufgestiegen sind – um eine neue Fertigkeit zu erlernen oder eine alte zu verfeinern, brauchen Sie einen Meister, von dem Sie lernen können – entweder durch Beobachten, Mitwirken oder ein formales Studium.

Joshua Logan. Ich wollte mit ihm arbeiten. Aber ich war ein junger, unbekannter Regisseur in New York, und ich kam nicht an ihn heran. An einem verregneten Nachmittag saß ich zu Hause, Central Park West. Nachdem ich die *Times* gelesen und dabei festgestellt hatte, daß Mr. Logan Regie bei einem neuen Bühnenstück führte, erinnerte ich mich daran, daß er das Vorwort zu Stanislawskijs *Building a Character* geschrieben hatte. Josh war 1932 nach Rußland gegangen, um beim Meister Stanislawskij zu studieren. Ich ging sofort in die Bibliothek, sah in der Passagierliste des Schiffes nach, mit dem er gefahren war, ging zurück nach Hause und schrieb ihm einen kurzen Brief.

Sehr geehrter Mr. Logan,
1932. 15. Oktober. 12.10 Uhr. Pier 43. Ein junger Regisseur verließ Amerika, um in Rußland bei einem Meister zu studieren. 1957. 2. November. 14.30 Uhr. Central Park West. Dieser junge Regisseur möchte bei einem Meister studieren.

Mit vorzüglicher Hochachtung
Milton Katselas

Keine zwei Tage waren verstrichen, da klingelte das Telefon, und jemand sagte: »Kommen Sie am Montagmorgen um zehn Uhr zu *Schumer's Warehouse.*« Am Montagmorgen fuhr ein schwarzer Mercedes vor, und Joshua Logan stieg aus. Er trug einen langen Pelzmantel und sah Stanislawskij erstaunlich ähnlich. Er begrüßte mich und hieß mich willkommen zum Beginn der Proben für ein neues Stück. So bekam ich diesen wundervollen Job und arbeitete mit einem Meister. Josh und ich blieben Freunde bis zu seinem Tod.

Elia Kazan. Ich wartete auf der Straße auf ihn, sah ihn, ging auf ihn zu. Er ist Grieche, ich bin Grieche. Ich sprach ihn auf griechisch an. Bingo. Ich arbeitete nicht nur mit ihm, sondern wir sind auch bis zum heutigen Tage Freunde.

Sanford Meisner. Er hielt Anhörproben für *The Time of Your*

Life ab, in dem er im City Center Regie führte. Ich wollte den Zeitungsjungen spielen. Er war Grieche. Ich war Grieche. No Problem. Bei meinem Vorsprechtermin fragte Mr. Meisner: »Können Sie wie ein irischer Tenor singen?« Ich sagte: »Ich bin Grieche.« Er sagte: »Singen Sie etwas.« Das tat ich. Er hörte zu, schien einigermaßen verblüfft und sagte: »Danke, dieses Mal nicht.« Ohne eine Sekunde zu zögern, fragte ich ihn, ob er noch einen Regieassistenten brauche. Er sagte: »Nein, ich habe bereits einen Assistenten.« Ich sagte »gut« und verließ herablassend den Probenraum. An dem Tag, als die erste Probe stattfand, tauchte ich im City Center auf, ging die Treppe hoch und sagte: »Ich bin Mr. Meisners Assistent.« Man führte mich hinein, und ich setzte mich hin, um mir die Probe anzusehen. Mr. Meisner kam herein, sah mich und fragte: »Wer sind Sie?« Ich sagte: »Ich bin der Grieche, der nicht wie ein irischer Tenor singen kann.« Er sagte: »Ich habe Ihnen doch schon gesagt, daß ich einen Assistenten habe.« Darauf erwiderte ich nichts. Er sah mich an. Ich sah ihn an. Er schaute weg. Ich schaute weg. Er zuckte mit den Achseln und ging weg. Einige Tage später das gleiche Spiel. »Was tun Sie hier?« Ich sagte nichts. Er zuckte mit den Achseln. Ich zuckte mit den Achseln. Er ging weg. Ich blieb und beobachtete, wie die gesamte Produktion entstand. Zuletzt mochte er mich sogar ein klein wenig.

Lee Strasberg. Ich ging vor dem Variety Arts in der Forty-sixth Street auf ihn zu und fragte: »Kann ich in einen Ihrer Kurse kommen? Ich bin auf dem College und möchte an einem Kurs teilnehmen.« Er sagte: »Nein.« Und ich sagte: »Ich bin ein Freund von Mary Morris.« Sie war meine Lehrerin an der Universität. Lee sagte finster: »Sie ist nicht unsere Freundin.« Ich folgte ihm ins Studio und setzte mich hinten hin. Ich sah ihn an. Er sah mich an. Ich schaute weg. Er schaute weg. Er zuckte mit den Achseln. Ich zuckte mit den Achseln. Er begann mit dem Unterricht. Ich blieb. Ich studierte bei Lee, und er war immer respektvoll und nett zu mir. Ich war ein guter Schüler und führte später bei einigen Szenen im Actors Studio Regie, wobei er mich sehr unterstützte. Einmal sagte Lee, ich könne in jeden Kurs kommen, in dem er unterrichte. Ich habe ihn oft beim Wort genommen.

Diese großartigen Regisseure und Lehrmeister waren nicht meine einzigen Mentoren. Da gab es Tassos, einen Schuster aus der Columbus Avenue, der mich in den mageren Jahren stark beeinflußte. Da war Stanley, ein Spieler im Spielsalon, den ich für meinen Vater betrieb – auch er war ein Mentor. Da waren Bernardo im Musikbereich und James Leo für viele Dinge. Ich suchte sie mir alle aus. Der Wunsch und das Bedürfnis lassen Sie Ihre Lehrmeister finden. Also schauen Sie in den Taschen Ihres Lebens nach. Sie könnten dort sein. Kultivieren Sie sie. Wollen Sie sie. Brauchen Sie sie. Wählen Sie Ihre Lehrmeister aus allen Lebensbereichen aus, nicht bloß aus ihrem Berufsfeld.

Was ich eben beschreiben habe, ist meine Methode, nicht unbedingt auch Ihre. Ich habe meine Karriere vorangetrieben, indem ich mich diesen großartigen Lehrmeistern angeschlossen habe. Sie waren mir eine Hilfe bei der Musik, beim Schreiben, bei Beziehungen. Tassos, der Schuster, brachte mich dazu, über meine mißliche Lage zu lachen, denn er fragte mich in diesen harten Zeiten immer wieder: »Spaghetti oder Steak?« – die Kurzformel für die Frage, ob ich Arbeit hatte oder nicht: Humor, als ich ihn so dringend brauchte. Ein Lehrmeister (oder eine Lehrmeisterin) kann Sie durch seine (oder ihre) Talente oder Erfahrungen anleiten, so daß

Sie das Leben im allgemeinen oder bestimmte Dinge besser meistern. Dann können Sie lernen, selbst ein Meister zu sein, und Ihr Können an andere weitergeben. Und so geht es dann weiter.

Übung

1. Suchen Sie sich drei Lehrmeister, die Sie bereits kennen, und überlegen Sie Möglichkeiten, diese Beziehungen zu vertiefen.

2. Finden Sie drei neue Lehrmeister. Lassen Sie diese Liste zusammen mit Ihnen sich weiterentwickeln.

Geben ist klüger

Liebe hat mit Geben zu tun. Und die in dieser Form ausgedrückte Liebe ist ein Schlüssel für Ihre Karriere und Ihr Leben. Geben und sich um Menschen kümmern setzt Ihre Talente, Ihre Fähigkeiten frei.

Feindseligkeit hält Sie zurück. Sie ist die Mauer, die Sie daran hindert, sich selbst auszudrücken. Sich selbst nicht auszudrücken ist eine Form von Feindseligkeit, ganz gleich, ob Ihre Sprachlosigkeit auf Wut oder Unterwürfigkeit beruht. So merkwürdig es auch klingen mag, Schüchternheit ist feindselig. Auf der Szene aufzutauchen, aber nicht an ihr teilzunehmen ist eine Form von Feindseligkeit. Ihre Rechtfertigungen sind feindselig, ganz gleich, aus welchem Grund Sie nichts tun konnten. All diese Feindseligkeiten umschließen Sie wie ein Kokon. Werfen Sie diesen Kokon wie ein Schmetterling ab, um auszubrechen und fliegen zu können.

Gibt es einen Menschen in Ihrem Leben, der gestorben ist, bevor Sie Gelegenheit hatten, ihm zu sagen, was Sie für ihn empfunden haben? Oder haben Sie damit so lange gewartet, bis es zu spät war? Ich hatte einmal ein Erlebnis mit Sal Mineo. Wir probten in Los Angeles Jimmy Kirkwoods Stück *P.S. Your Cat is Dead.* Acht Monate zuvor, als ich das Stück zum ersten Mal in San Francisco auf die Bühne brachte, hatte ich Sal nicht für die Rolle genommen. Nachdem das Stück dort erfolgreich gelaufen war, kamen wir zurück nach Los Angeles, um es dort aufzuführen, und dieses Mal engagierte ich Sal. Also liefen die Proben, und Sal spielte seine Rolle wunderbar. Eines Tages ging ich zu ihm und beschloß, ihm das zu geben, was er verdiente. Ich sagte: »Ich muß Ihnen etwas gestehen. So gut der andere Schauspieler in San Francisco auch war, und er war wirklich gut, es war trotzdem ein Fehler von mir, daß ich Sie nicht schon beim ersten Mal genommen habe. Das ist Ihre Rolle.« Und er weinte. Wir umarmten uns. Drei Tage später war er tot. Ich bin so glücklich, daß ich es ihm noch gesagt habe.

Deshalb, bei Ihren Agenten, Ihren Chefs, bei denen, die Sie lieben, bei Ihren Freunden, Ihren Partnern: Lassen Sie sie wissen, was Sie fühlen. Lassen Sie es heraus, und zwar jetzt. Warten Sie nicht. Wie eine gute Freundin, die brillante Schauspielerin und lebenspraktische Philosophin Doris Roberts, einmal zu mir sagte, als ich mich nicht entscheiden konnte, ob ich nach Europa gehen sollte oder nicht: »Das ist keine Kostümprobe, mein Lieber.« Ich fuhr.

Gibt es einen besseren Weg, Vertrauen zu Menschen aufzubauen, die wichtig für Sie sind, als den, kein Blatt vor den Mund zu nehmen und zu sagen, wie Sie sich fühlen? Sagen Sie es Ihnen jetzt. Lassen Sie es heraus. Umarmen Sie sie, und sagen Sie ihnen, daß sie großartig sind. Oder zeigen Sie ihnen, wie sie es auf irgendeine Weise besser machen können; das ist ein anderer Ausdruck von Liebe. Wenn Sie warten, könnte es zu spät sein.

Übung

1. Schreiben Sie drei Situationen auf, in denen Sie jemandem gegenüber feindselig sind. Überlegen Sie sich, wie diese Feindseligkeit zum Ausdruck kommt.

2. Suchen Sie drei Menschen aus, denen Sie etwas geben sollten, und tun Sie es.

Gewinner gegen jede Erwartung

Jimmy Durante
Danny DeVito
Helen Keller
Roseanne
Dudley Moore
Whoopi Goldberg
Arnold Schwarzenegger
Bette Midler
Linda Hunt
Ronald Reagan
Elia Kazan
Oprah Winfrey
Abraham Lincoln
Nelson Mandela
Carol Burnett
Jackie Mason
Mahatma Gandhi
Robert Redford
Dustin Hoffman
Humphrey Bogart
Stevie Wonder
Barbra Streisand
Lily Tomlin
Anton Tschechow
Little Richard
Woody Allen
Christie Brown
Robert DeNiro
Ray Charles
Henri de Toulouse-Lautrec
Dr. Ruth Westheimer
Colin Powell
Frederick Douglass
Jimmy Carter
Billie Holiday
Julia Roberts

Von keinem dieser Menschen war zu erwarten, daß sie oder er jemals erfolgreich werden würde. Von ihnen allen könnte man – nach bestimmten konventionellen Normen – behaupten, daß sie einen Makel und damit ein ernsthaftes Karriereproblem hatten, etwas, das sie überwinden mußten.

Wenn Sie die einzelnen Personen dieser Liste näher betrachten, werden Sie feststellen, daß die Gesellschaft leicht Vorurteile gegen sie hegen könnte. Picasso, Sartre und Charlie Chaplin trafen sich einmal. Einer von ihnen sagte: »Drei winzige Männer.« Der größte von ihnen war 1,68 m.

Sie fragen sich wahrscheinlich, weshalb ich den attraktiven Robert Redford und die schöne Julia Roberts in die Liste aufgenommen habe. Weil es in dieser Gesellschaft nicht nur ein Vorurteil gegen Unattraktivität gibt, sondern auch eines, das besagt: Wer schön ist, hat selten Talent.

Wie aber sieht ein zukünftiger Gewinner aus? Ich weiß es nicht. Den typischen Gewinner, die typische Gewinnerin gibt es nicht. Alle haben eine Chance bei diesem Pferderennen, wenn sie das überwinden, was andere für ihr Handikap, ihre Exzentrizität, ihre Unzulänglichkeit halten. Zwei Männer, die sich in ihrem Wesen recht unähnlich waren, sprachen in meinen Schauspielkursen. Zuerst sagte Cary Grant: »Sie haben nichts anderes als sich selbst.« Dann sagte Marty Ritt, der Filmregisseur: »Beuten Sie die Goldader aus, die in Ihnen steckt.« Es läßt sich nur schwer in Worte fassen, aber der Satz müßte etwa so lauten: Sie und Ihre Einzigartigkeit sind der einzige Gewinner, den es gibt.

Übung

1. Schreiben Sie drei Merkmale auf, nach denen die Welt Sie nicht als Gewinner einstufen würde.

2. Schreiben Sie drei Merkmale auf, die Sie nach Ihrer Meinung einzigartig machen.

Einstellungen

Über negative Einstellung, Mutlosigkeit, Opferdasein, das Schlucken von Dingen, Selbstschutz, die Familie, Schuldzuweisung, Prioritäten, Hartnäckigkeit, Lösungen, Zurückschrecken, Moral und Überleben.

J: Das Testament meiner Mutter abzuwickeln und ihr Vermögen zu verwalten ist wirklich ein Problem. Weshalb muß ausgerechnet ich das tun? Immer ich. Ich will endlich weiterkommen, aber ich habe das Gefühl, daß mir noch mindestens weitere fünf Jahre Wut und Schmerz bevorstehen.

Milton: Machen Sie weiter. Auf alle Fälle. Aber hören Sie auf, sich darüber zu beklagen, daß Sie derjenige sind, der das Testament vollstrecken muß. Sie sind vermutlich der Geeignetste dafür. Also tun Sie es. Aber das Wichtigste: Weshalb stehen Ihnen weitere fünf Jahre Schmerz bevor? Wer sagt, daß Sie all diese Jahre Wut und Schmerz mit sich herumschleppen müssen?

J: Ich fühle mich einfach von all dem erdrückt.

Milton: Verstehe. Aber wer sagt, daß dieser Mist fünf Jahre dauert? Verstehen Sie? Das ist die Entscheidung, die Sie unter sich begräbt.

J: Aber ich habe das Gefühl, daß ich es bin.

Milton: Sie tragen stark zu diesem Gefühl bei. Trauern Sie um Ihre Mutter, aber hören Sie auf, Ihre Gefühle immer wieder aufzuwühlen.

J: Wenn ich die Entscheidung treffen würde, könnte ich also damit aufhören?

Milton: Ja. Weshalb müssen Sie fünf Jahre hoffnungsloses Leid durchleben? Wer hat da etwas davon? Hören Sie, das meiste, was uns widerfährt, beruht auf unseren eigenen Entscheidungen. Sie haben eine Entscheidung getroffen, und wenn Sie nicht aufpassen, wendet sie sich mit aller Macht gegen Sie. Es ist schwer, sich das einzugestehen, aber es ist die Wahrheit. Seien Sie vorsichtig mit dem, was Sie sich wünschen – Sie könnten es bekommen. Übrigens, fünf weitere Jahre Schuld und Leid? Du lieber Himmel! Das zehrt Ihre ganze Energie auf. Diese Schwierigkeiten mit dem Vermögen Ihrer Mutter sind bloß das oberflächliche Problem. Dringen Sie zu dem wirklichen Problem vor, und nehmen Sie es in Angriff. Das wirkliche Problem hat mit Ihnen zu tun. Was ist es?

J: Oh, Gott. Ich mache mir manchmal einfach über diese Karriere Sorgen.

Milton: Richtig. Sie sollten diese Energie für Ihre Karriere aufwenden. Hören Sie auf, zu murren und sich zu beklagen. Sie müssen Ihre Kräfte bündeln und Ihre

Energie in die Karriere stecken. Immer wenn Sie das in der Vergangenheit getan haben, dann haben Sie es gut gemacht. Also tun Sie wieder, was erfolgreich war. Ja? Sie hatten eine Frage?

R: Manchmal bin ich so niedergeschlagen.

Milton: Klingt wie die Frage von vorhin. Gibt es in diesem Raum einen glücklichen Menschen? Wissen Sie, Mutlosigkeit bei einem jungen Menschen ist absolut absurd. Vor allem bei einem so attraktiven jungen Menschen, wie Sie es sind. Wie können Sie überzeugend mutlos sein? Sie müssen sich die Haare weiß färben, einen Stock nehmen, gebeugt gehen. Dann könnte es überzeugend wirken. Weshalb sollten Sie mutlos sein? Ihr Leben beginnt doch gerade erst.

R: Ich bin nicht mutlos.

Milton: Sie haben gesagt, daß Sie niedergeschlagen sind. Was ist das? Fröhlichkeit?

R: Ich denke nach.

Milton: Okay. Aber fragen Sie sich einmal: »Warum macht mich mein Denken mutlos?« Wenn Sie über all diese schwerwiegenden Karrierefragen nachdenken, warum sagen Sie sich dann nicht: »Du meine Güte, ich sollte endlich in die Gänge kommen!« Wie diese Burschen in den Musicals aus den 40er Jahren: *(Singt.) »Better get going! Better get moving! Gotta go!*

Gotta go! Gotta go!!!« Oder hat Ihnen irgendwer erzählt, daß aus Ihrer Karriere sowieso nichts wird?

R: Ja, immer sagen sie das einem.

Milton: Sie?!! Wer ist sie?

R: Leute um mich herum. Familie.

Milton: Oh, großartig. Familie. Haben Sie Stöckelschuhe?

R: Ja, klar.

Milton: Haben diese Verwandten Füße?

R: Ja, klar.

Milton: *(Stampft wie in einem Flamenco mit der Ferse auf.)* Ahhhhhhhh! Dagegen sollten Sie etwas tun. Denn ich sage Ihnen, das hier ist ein wirklich hartes Geschäft. Sehr hart. Sie brauchen Unterstützung. Jemanden, der Sie trägt, der voll und ganz hinter Ihnen steht. Und wenn Sie nicht die Unterstützung der Menschen um Sie herum haben, dann haben Sie keine Chance! Sie haben keine Chance, weil immer, wenn Sie etwas erreichen, ein anderer es negiert.

R: Soll ich ihnen ohne Vorwarnung mit den Pfennigabsätzen auf die Füße treten?

Milton: Sie brauchen ihnen damit nicht gleich auf den großen Zeh zu treten. Wenn es sich um Freunde oder Verwandte handelt, sprechen Sie mit ihnen, ebenso wenn es Berufskollegen sind.

R: Meine Familie führt ständig Statistiken an über den geringen Prozentsatz von Schauspielern mit einem Engagement.

Milton: Stimmt.

R: Am liebsten würde ich einfach sagen: »Haltet endlich den Mund. Diese negative Einstellung und diese Kritik machen mich fertig. Erzählt mir nicht, eine Schauspielkarriere sei unmöglich.«

Milton: So ist es richtig, sagen Sie es ihnen. Machen Sie weiter.

R: Weitermachen?

Milton: Mit dem, was Sie gesagt haben. Sagen Sie es ihnen. Sagen Sie ihnen, was Sie sagen wollen.

R: Okay. »Erzählt mir nicht, daß ihr mir einen Job in der Fabrik gebt, wenn das mit meiner Schauspielerei nicht klappt. Ich will keinen Job in der Fabrik. Ich will eine Künstlerin sein, und ihr müßt mir dabei helfen. Wenn ihr mich liebt, dann tut ihr das. Wenn ihr mich nicht liebt, dann helft mir trotzdem.«

Milton: Gut. Jetzt müssen Sie es nur noch den betreffenden Leuten sagen.

R: Wirklich? Sie meinen, ich soll mit ihnen reden?

Milton: Ja. Ich habe das auch schon getan, und ich weiß, daß es nicht immer angenehm ist. Aber es ist nicht so schwierig, wie wir meinen. Wenn Sie schließlich alles, was Sie können, versucht haben, müssen Sie vielleicht Härte zeigen.

R: Etwa so: »Hört zu. Ihr liebt mich? Dann sabotiert mich nicht länger.«

Milton: Ja. Und dann fügen Sie hinzu: »Wenn ihr mir noch ein einziges Mal mit dieser Kritik, diesem Niedermachen, dieser negativen Haltung kommt, werdet ihr mich nicht mehr wiedersehen.« Normalerweise schwenken sie dann auf der Stelle um. Denn sie lieben Sie. Sie werden sagen: »Wir lieben dich wirklich. Wir werden dich unterstützen.«

R: Ich weiß nicht, ob ich mit ihnen reden kann.

Milton: Sie müssen herausfinden, wo Sie mit diesen Menschen stehen.

R: Ich werde es versuchen.

Milton: Nein, nicht versuchen. Tun Sie es. Reden Sie drei- oder viermal mit ihnen, und dann ziehen Sie Ihre Stöckelschuhe an.

R: Okay.

Milton: Noch jemand?

V: Soll ich immer nur einen Traum verfolgen? Ich bin Schauspielerin, aber ich bin auch Sängerin.

Milton: Wo liegt Ihre Priorität?

V: Das weiß ich nicht.

Milton: Schauen Sie, man wird mich zwar steinigen, weil ich das jetzt sage, aber wenn Sie einen Ehemann und einen Geliebten haben müssen, dann meinetwegen. Aber Sie können nicht zwei Ehefrauen haben. Ich hatte in meinen Kursen über die Jahre viele Leute mit diesen Bindestrichambitionen: Fotograf-Schauspieler, Sänger-Schauspieler, Schauspieler-Modell-Fotograf-Sänger. Großartig. Das ist alles wunderbar. Kosten Sie die Vielfalt aus. Aber setzen Sie Ihre Prioritäten. Es ist in Ordnung, wenn Sie sich in drei Wochen anders entscheiden. Wenn Sie sich allerdings zwanzigmal im Jahr umentscheiden, dann haben Sie ein Problem. Setzen Sie einfach Ihre Prioritäten, der Rest ist dann nur noch eine Frage der Organisation. Wenn Sie also einen Ehemann und einen Geliebten haben müssen – und der Himmel weiß, daß das nicht einmal in Italien funktioniert –, teilen Sie sich Ihre Zeit sehr, sehr sorgfältig ein. Ja?

L: Nehmen wir einmal an, man hatte ein Suchtproblem. Ich bin gerade dabei, wieder ein normales Leben zu führen. Ich hatte eine Menge Probleme mit meiner Familie wegen dem, was ich in der Vergangenheit getan habe, und deshalb unterstützen sie mich jetzt nicht sonderlich. Wie kann ich das ändern? Ich führe ein Zwölf-Punkte-Programm durch und tue, was ich für mich tun muß, und trotzdem habe ich nicht die volle Unterstützung meiner Familie.

Milton: Diese Sache mit der Unterstützung taucht immer wieder auf. Interessant. An wen denken Sie im besonderen?

L: An meinen Vater. Ich fühle mich nicht stark genug, um mit ihm zu reden.

Milton: Verstehe. Sie machen das Zwölf-Punkte-Programm. Sehr mutig. Sie müssen eine starke Frau sein, um das durchzuhalten. Schrecken Sie jetzt nicht zurück. Was würden Sie Ihrem Vater über Ihre Fortschritte sagen?

L: Ich würde sagen: »Ich bin nüchtern, ich bin in einem Zwölf-Punkte-Programm, und ich gewinne. Ich werde jeden Tag stärker.«

Milton: Das gefällt mir gut. Was noch?

L: »Ich nehme mein Leben in die Hand. Das ist wirklich nicht einfach. Hast du dazu etwas zu sagen?«

Milton: Sehr gut. Mir scheint, Sie sind durchaus in der Lage, jetzt mit Ihrem Vater zu reden. Was meinen Sie?

L: Es ist schwierig ...

Milton: Ja, ich weiß.

L: Na ja, ich glaube, ich kann es ...

Milton: Gut. Noch jemand?

F: Wissen Sie, es kommt mir vor, als würde ich herumlaufen und allen die Meinung sagen, mit Ausnahme der Person, mit der ich wirklich reden müßte. Es ist gerade so, als würde mir das Gefühl, selbstherrlich auf meine Freunde böse zu sein, mehr Spaß bereiten, als einfach das anzupacken, was ansteht.

Milton: Ja. Selbstherrlich auf jemanden böse zu sein bringt nichts.

F: Völlig richtig.

Milton: Sie müssen nichts anderes tun, als den Stein aufzuheben und ihn mit der geringstmöglichen Anstrengung zu bewegen. Wie Sie bereits sagten, kümmern Sie sich um das, was ansteht. Heben Sie einfach den Stein auf, und bewegen Sie ihn. Das geht ohne Selbstherrlichkeit, ohne Schuldzuweisung, ohne Wut. Es gibt etwas zu tun. Tun Sie es einfach. Bewegen Sie einfach den Stein. Wer ist der nächste?

Ich komme mir vor wie ein Koch im Schnellrestaurant.

B: Was ist, wenn man sich nicht mit dem Agenten, den man sprechen will, in Verbindung setzen kann?

Milton: Wie? Ist der Bursche tot oder was?

B: Nein, ich komme nicht an der Sekretärin vorbei.

Milton: Oh, da gibt es noch andere Möglichkeiten. Warten Sie auf dem Parkplatz auf ihn. Finden Sie heraus, wo er zum Mittagessen hingeht. Schreiben Sie ihm einen Brief. Schicken Sie ihm einen Kuchen.

B: Und wenn er nicht darauf reagiert?

Milton: Schicken Sie ihm noch einen.

B: Soll ich zu einem anderen Agenten gehen?

Milton: Nein. Haben Sie dem, den Sie wollen, schon einen Kuchen geschickt?

B: Nein. Die mögen meine Kuchen nicht.

Milton: Unsinn, Sie haben keinen Kuchen hingeschickt.

B: Ich kann nicht einmal backen.

Milton: Albern Sie nicht herum. Schicken Sie ihm einen Kuchen. Er reagiert nicht? Schicken Sie ihm Champagner. Er reagiert nicht? Schicken Sie ihm ein Mädchen. Er reagiert nicht? Schicken Sie ihm einen Kerl. Tun Sie, was Sie tun müssen. Und erst dann, wenn Sie es wirklich getan haben, können Sie sagen: »Hey, ich habe getan, was ich konnte.« Dann können Sie zum nächsten Agenten gehen. Aber bisher haben Sie nicht einmal einen Kuchen hingeschickt. Ich kenne das Gefühl. Sie gehen hin, werden abgewimmelt und sagen: »Zum Teufel mit ihm.« Das ist zu einfach. Versuchen Sie es nochmals. Seien Sie hartnäckig. Vielleicht mag er keinen Kuchen. Schicken Sie ihm eine große Wintermelone. Ungeschnitten, damit er weiß, daß keine Bombe drin ist. Seien Sie erfinderisch. Geben Sie bloß nicht auf. Noch jemand?

Y: Weshalb kann ich keine bessere Wohnung finden?

Milton: Das ist, also ... Ihr glaubt wohl, ich bin der Briefkastenonkel, oder was? Ich bin nicht der Briefkastenonkel. Ich stelle die Fragen und versuche so, aus jedem die Wahrheit herauszukitzeln. Sie alle müssen die Wahrheit alleine herausfinden, dann trage ich mein Scherflein bei und helfe Ihnen, zu Ihrem eigenen Verständnis zu finden. Sei's drum. Eine bessere Wohnung. Also gut. Einer meiner Schüler wohnte in einem bestimmten Viertel, und ich sagte: »Sie müssen hier raus.« Es war absolut unerträglich. Schließlich sagte ich: »Wie können Sie in so einer Wohnung leben?« Was glauben Sie, war der Grund?

Y: Weil er daran gewöhnt war.

Milton: Richtig.

Y: Ja. Gewohnheit, stimmt's?

Milton: Genau. Reden Sie weiter.

Y: Er muß die Gewohnheit ändern.

Milton: Stimmt. Was noch? Was muß er tun?

Y: Er muß mehr …

Milton: Ja. Mehr was? Sagen Sie es.

Y: Mehr Geld, mehr Geld verdienen.

Milton: Genau. Sie sagen es. Wie?

Y: Weiß ich nicht.

Milton: Na, kommen Sie.

Y: Mir steht etwas Besseres zu …

Milton: Mit Sicherheit. Überprüfen Sie Ihr Selbstwertgefühl.

Y: Du lieber Himmel, meine Wohnung ist wirklich fürchterlich.

Milton: Wenn Sie sich bessere Sachen besorgen …

Y: Ich weiß, ich weiß, dann fühle ich mich besser. Ich weiß.

Milton: Ihr Bedürfnis nach etwas Besserem beginnt bei Ihrem Selbstwert, dem Gefühl, daß Sie etwas Besseres verdienen. Ihr Selbstwertgefühl sorgt für eine schönere Wohnung.

Y: Und wenn ich mich besser fühle, kann ich mehr tun?

Milton: Und mehr bekommen. Laden Sie mich zum Abendessen ein, wenn Sie in Ihre neue Wohnung ziehen. Ja?

C: Ich habe eine Frage über das Zurückschrecken. Wie hört man damit auf?

Milton: Sie ertappen sich dabei. Beobachten Sie sich, wenn Sie es tun. Der Trick der Vermeidung ist faszinierend. Wenn Sie ihn sehen – und es ist kein schönes Bild –, halten Sie in Ihrem Tun ein. Stoppen Sie diese gefährliche Schwäche. Tun Sie dann das Richtige. Ändern Sie sich. Führen Sie das Telefongespräch. Schreiben Sie den Brief. Reden Sie mit Ihrem Mann. Reden Sie mit Mama. Wenn Sie zurückschrecken, werden Sie immer schwächer und schwächer. Stellen Sie sich den Dingen, und Sie werden stärker.

C: Wenn man sich beim Zurückschrecken ertappt, muß man dann versuchen, die Sache auf der Stelle zu erledigen?

Milton: Auf der Stelle! Zurückschrecken ist – wie Zweifel – eine Krankheit, möglicherweise sogar eine unheilbare. Wenn Sie nicht sofort etwas dagegen unternehmen, frißt sie sich weiter, wird schlimmer und besiegt Sie schließlich. Das Leben wird Sie herausfordern. Schrecken Sie nicht zurück. Augen weit offen und wachsam. Geradeaus.

Übung

1. Nehmen Sie drei Situationen, wo Sie feststecken und nicht das erreichen können, was Sie wollen.

2. Analysieren Sie sie, und überlegen Sie, welche Kapitel aus diesem Buch auf das Resultat Ihrer Analyse zutreffen. Lesen Sie diese Kapitel noch einmal.

3. Wenden Sie die Informationen aus diesen Kapiteln auf die Situationen an.

Der Tanz des Lebens

Das Schwierigste, womit Sie sich in Ihrem Leben auseinandersetzen müssen, ist Ihr Leben. Wie sieht dieses jetzt aus? Wie möchten Sie, daß es sein wird? Was tun Sie, um dieses Ziel zu erreichen? Was können Sie gerade noch ertragen? Was nicht? Was ist gut für Sie?

Ist das Leben eine wilde Schlange, die von einer Mescal-Agave gefressen hat, sich unkontrolliert hin und her wirft und Sie mit sich reißt, Sie erschreckt, bedroht oder sogar beißt? Die sich um Ihren Hals schlingt und Sie erwürgt? Oder Ihnen Gift einspritzt, bis Sie tot sind? Folgen Sie gebannt den hypnotisierenden Bewegungen und dem Tanz nach der Melodie der Schlange, unfähig, etwas zu tun, obwohl die Uhr tickt?

Ihr Leben muß nicht so sein. Man kann die Schlange leiten, führen, locken, ihr gut zureden und sie instruieren.

Wir sollen uns vor dem Leben nicht fürchten, uns von ihm nicht erschrecken oder überwältigen lassen. Und wir müssen ihm gegenüber auch nicht ständig eine kritische Haltung einnehmen.

Furcht und Angst vor, Kritik an unserem Leben oder dem von anderen bewirken ein geringeres Selbstwertgefühl, und das ist eine katastrophale Folge. Derartige Verhaltensweisen bremsen uns und verweisen uns auf den Platz der Zweitbesetzung, der Nebenrolle, des Beiprogramms in einer aufwendigen Hollywood-Produktion.

In Wirklichkeit ist aber das Leben Ihr Film, in jeder Beziehung. Sie sind der Autor, der Produzent, der Regisseur und der Hauptdarsteller, und alles basiert auf Ihrer ureigenen Geschichte und Idee.

Aus dem, was Sie in Ihrem Leben tun – den Folgen Ihrer Entscheidungen –, ergibt sich ein Handlungsverlauf, Ihre Reise. Was Sie tun, ist wichtig, aber letztlich zählt nur, wie Sie es tun. Das ist es, worum sich alles dreht. Für alles, was Sie tun, gibt es Kunstgriffe, auch für das Leben. Haben Sie die Wahl? Können Sie entscheiden? Können Sie es nach Ihren Wünschen gestalten? Können Sie Entscheidungen treffen und sie dann vollziehen? Ja. Ja. Ja.

Das Leben gehört Ihnen. Sie können es verstehen. Sie können es sehen. Wenn Sie es sehen können, können Sie es auch gewinnen. Sie sitzen nicht ohne Ruder in einem Boot, das auf einem tosenden Fluß unaufhörlich stromabwärts treibt. In Wahrheit sind Sie in der Lage, der Schlange offen ins Auge zu blicken, ihr Gift in ein Serum zu verwandeln, ihren Biß in einen Kuß, ihren Würgegriff in eine Umarmung, ihren hypnotisierenden Tanz in Ihren Tango. Es ist Ihr Leben. Sie sind die Schlange. Sie sind der Tänzer und der Tanz.

Karriere-Checkliste

- Beschließen, daß die Karriere, die ich anstrebe, wirklich meine Karriere ist.
- Mein Karrierekonzept zu Papier bringen. Einfach, klar und präzise.
- Meine Prioritäten ausloten, indem ich sie niederschreibe. Entscheiden.
- Aufschreiben, wo ich jetzt stehe, wo ich hin will, wie ich das erreichen kann.
- Ich will einen Job. Welchen Job? Mit den Leuten Kontakt aufnehmen, die mir aufgrund ihrer Position helfen können.
- Eine saubere, freundliche, fröhliche Wohnung haben, um darin zu leben.
- Einen Schreibtisch aufstellen, der ausschließlich mir gehört. Ein eigenes Telefon haben. Eine Operationsbasis schaffen.
- Meine Verabredungen in einem Terminkalender festhalten.
- Eine übersichtliche »Zu-erledigen«-Liste führen und die einzelnen Punkte abhaken, wenn ich sie erledigt habe.
- Ein Profi sein. Niemals sagen: »Das läßt sich nicht machen.« Das tun, was ich tun muß, um zu erreichen, was ich will.
- Um mich auf große Entscheidungen vorzubereiten, kleine Entscheidungen verwirklichen, die mein Selbstvertrauen stärken.
- Meinen Traum wieder anfeuern, indem ich mein ursprüngliches Ziel erneut zu Papier bringe.

– Die Briefe schreiben, die ich vor mir hergeschoben habe.
– Auflisten, was ich schon erreicht habe. Bestätigung hebt das Selbstvertrauen.
– Mit denen Kontakt aufnehmen, die nicht glauben, daß ich es schaffe. Ihre Meinung ändern.
– Einen klaren, praktischen persönlichen Finanzplan aufstellen und zu Papier bringen.
– Gesunde Beziehungen zu meinem Chef und meinen Kollegen aufbauen.
– Meine Freunde und Verwandten unter die Lupe nehmen. Unterstützen sie mich? Wenn nicht, für eine Lösung sorgen.
– Sicherstellen, daß Nebenberufe nicht meine Energie aufzehren, aber dennoch genügend Geld einbringen.
– Was immer ich tue, ich muß präsent sein. Wach, lebendig sein, in jedem Moment etwas Neues sehen.
– Die Straße kehren. Meine Arbeit tun. Mich nicht ablenken lassen.
– Negative Haltung bei mir und anderen ausradieren.
– Reden, nicht kämpfen. Zusammenarbeiten.
– Niemals Groll hegen.
– Keine Ausreden. Alles geben, was ich habe.
– Ich bin kein Hamal. Ich bin wertvoll. Und verhalte mich entsprechend.
– Den Rat anderer einholen, ihn abwägen, dann so handeln, wie ich es für richtig halte.
– Ich mache mir meine Gewohnheiten bewußt. Die schlechten lege ich ab, die guten verstärke ich.
– Lesen. Ich öffne meine Augen und höre zu.
– Wörter nachschlagen, die ich nicht verstehe. Wenn eine Definition zu einer anderen führt, weiter nachschlagen.
– Ein »künstlerischer Terminator« sein. Etwas zu versuchen

ist nicht genug. Es muß vollendet werden. Voll und ganz. Keine Rechtfertigungen.

- Nichts schlucken. Den Mund aufmachen.
- Was für meine Karriere gut ist, muß kein Opfer für die Familie sein. Andernfalls die Situation ändern.
- Das Schreckgespenst des Scheiterns aus dem Spiel lassen. Es vertreibt jegliche Kreativität.
- Nach dem Prinzip handeln, daß das Leben jetzt stattfindet. Jetzt. Das Leben ist keine Kostümprobe.
- Beschließen, ein Gewinner zu sein. Ich mag als ein unwahrscheinlicher Kandidat erscheinen. Aber das stimmt nicht.
- Eine positive, optimistische Meinung von mir haben. Wie sonst sollten andere sie haben?
- Nicht in die Vorstellung von Mangel verfallen. Sie ist eine Lüge. Fülle herrscht!
- Verwirrt? An den Strand gehen. Einen Spaziergang machen. Wegfahren. Eine Entscheidung treffen. Zurückkommen.
- Emotionale Stoßdämpfer für Schlaglöcher einbauen.
- Mich für meine Siege belohnen, die großen und die kleinen. Ein schönes Abendessen, eine Torte, ein Geschenk, das ich mir selber mache.
- Körperlich fit bleiben, um mit den Anforderungen von Streß fertig zu werden.
- Ins Theater, zu Konzerten, in Kunstgalerien, zu Sportveranstaltungen, ins Kino gehen. Lesen. Reisen. Ein Weltbürger sein.
- Lehrmeister suchen. Mit Meistern arbeiten. Eine Meisterin werden. Mein Können weitergeben.